하나님이 찾으시는 기도

Prayer
our God
seeks

하나님이 찾으시는 기도

이종철 지음 | 김회권 추천

좋은씨앗

〈좋은씨앗〉은 하나님의 말씀입니다.
이 말씀이 좋은 마음밭에 떨어져 하나님의 나라가 확장되고, 예수 그리스도를 본받아 그 향기를 품은 성령의 사람들이 세상에 넘쳐나길 기대합니다. 그래서 백 배, 육십 배, 삼십 배의 결실을 맺기를 소망합니다.
〈좋은씨앗〉은 이와 같은 소망과 기대를 품고 출판 사역으로 하나님께 쓰임 받기를 기도합니다.

하나님이 찾으시는 기도

지은이 이종철
책임편집 지효은

초판 1쇄 인쇄 | 2008년 7월 4일
초판 1쇄 발행 | 2008년 7월 11일

펴낸이 신은철
펴낸곳 도서출판 좋은씨앗
    1999.12.21 등록 / 제4-385호
    137-130 서울시 서초구 양재동 2-30번지, 덕성빌딩 4층
전화 02) 2057-3043 (편집부) / 02) 2057-3041 (영업부)
팩스 02) 2057-3042
홈페이지 www.gsbooks.org
이메일 sec0117@empal.com

ⓒ 좋은씨앗, 2008
ISBN 978-89-5874-118-3
Printed in Korea

당신의 기도가 삶에 아무런 변화를 가져오지 않을 때

차례

들어가는 글 | 삶을 변화시키는 기도
추천하는 글 | 하나님 나라의 부요를 맛보는 기도

1장 | 기도를 가르쳐 주옵소서   15
       너희는 이렇게 기도하라

2장 | 기도의 알파와 오메가   27
       아버지여!

3장 | 아직도 '나' 입니까?   45
       우리

4장 | 기도의 영광   61
       하늘에 계신

5장 | 먼저 구해야 할 것   79
       이름이 거룩히 여김을 받으시오며

6장 | 세상을 뒤흔드는 기도   97
       나라이 임하옵시며

7장 | 하늘 뜻을 품은 기도   113
       뜻이 이루어지이다

8장 | 불필요한 것을 제거하라　　131
　　　일용할 양식을 주옵시고

9장 | 행복해지는 기도　　149
　　　우리 죄를 사하여 주옵시고

10장 | 기도는 저축이 된다　　165
　　　우리를 시험에 들게 하지 마옵시고

11장 | 그리스도인의 대선언　　183
　　　나라와 권세와 영광

12장 | 기꺼이 순종합니다　　201
　　　아멘

13장 | 마음껏 기도하라　　217
　　　구하라 찾으라 두드리라

나가는 글 | 기도의 계명

하늘에 계신 우리 아버지여
이름이 거룩히 여김을 받으시오며
나라이 임하옵시며
뜻이 하늘에서 이룬 것같이 땅에서도 이루어지이다.
오늘날 우리에게 일용할 양식을 주옵시고
우리가 우리에게 죄 지은 자를 사하여 준 것같이
우리 죄를 사하여 주옵시고
우리를 시험에 들게 하지 마옵시고
다만 악에서 구하옵소서.
나라와 권세와 영광이 아버지께 영원히 있사옵나이다, 아멘.
마태복음 6장 9~13절.

| 들어가는 글 |

삶을 변화시키는 기도

하나님은 기도하는 자를 찾습니다. 보다 정확히 하나님은 하나님의 뜻에 합한 기도를 드리는 자를 찾습니다. 하나님의 기도 결재함에는 매일같이 땅에서 올라오는 기도들로 수북합니다. 기도들 하나하나는 다 사연이 있고 나름대로 간절합니다. 그런데 개중에 하나님의 마음을 잡아끄는 기도가 있습니다. 분명 어렵고 힘든데 내 소원보다는 아버지의 뜻이 이루어지길 바란다는 기도입니다. 분명 이해하기 어려운 고통인데 감사하며 다만 아버지의 이름이 거룩히 여김을 받기를 기원하는 기도입니다. 이런 기도는 마치 사막의 오아시스처럼 하나님의 마음을 청량하게 만드는 기도라 할 것입니다. 떼쓰는 어린 아이의 기도가 아니라 아버지의 마음을 이해하고 믿는 맏아들의 기도와 같습니다. 사람의 인격과 신앙은 기도하는 만큼 깊어집니다. 하나님은 우리가 하나님의 맏아들처럼 장성한 사람들이 되기를 바라십니다. 우리는 문제를 가지고 청원하는 사람들이 아니라 세상을 이끌고 변화시키는 사람으로 부름 받았습니다.

그런 점에서 주기도만큼 하나님의 마음에 합한 기도가 없습니다. 주기도는 기도의 알파벳이며 기도를 가르치는 기도입니다. 주기도는 모든 기도의 검열관이며 기도의 모범입니다. 기도의 최정상에 주기도가 있습니다. 예수님은 주기도를 만드셨고, 주기도는 예수님을 만들었습니다. 주기도를 따라 기도하며 순종했던 제자들은 가장 능력 있는 삶을 살았고 결국 예수님처럼 십자가의 영광에 이르렀습니다.

주님의 기도에는 이처럼 세상을 바꾸는 능력이 있습니다. 그 힘은 마치 누룩과 겨자씨와 같습니다. 가루 서 말을 부풀리듯 그 주변의 것들을 변화시킵니다. 씨앗이 스스로 자라나듯 주기도는 우리 안에서 생명의 역사를 스스로 만들어갑니다. 만약 그리스도인들이 무기력한 삶을 살고 있다면 그 이유는 그들이 주님께서 가르쳐주신 기도대로 기도하지 않기 때문입니다. 주기도는 타락한 우리의 이기적 심성을 그 근저로부터 뒤집는 힘을 가지고 있습니다. 그렇기에 주기도는 매우 위험한 기도입니다. 나를 바꿀 뿐만 아니라 세상을 변혁하기 때문입니다. 주기도는 세상 정치와 현실에 대해서 종말을 선언합니다. 세상의 가치관과 방법론에 대해서 소리 높여 '아니오!'라고 외칩니다. 주기도에는 하나님나라가 옹골진 형태로 담겨 있습니다.

삶이 바뀌길 원한다면 무엇보다 기도부터 바꾸십시오. 삶이 열매라면 기도는 그 뿌리입니다. 만약 열매가 잘못되었다면 그것은 뿌리가 잘못되었기 때문입니다. 우리가 주기도에 주목하게 되는 이유가 여기에 있습니다. 주기도는 기도를 바꾸는 기도입니다. 한국교회 변화의 희망 또한 여기에 있습니다. 먼저 기도가 바뀌어야 인격이 바뀌고, 인격이 변화되기 시작하는 지점이 바로 교회개혁의 출발점입니다. 세상에는 말씀처럼 과격한 것도 없습니다. 말씀대로 사는 사람은 세상이 감당 못할 사람입니다. 오늘 우리의 강단은 불행히도 말씀의 폭발력을 감추거나, 사람들의 비위에 맞추어 그 폭발력을 완화시키기에 급급하고 있습니다. 말씀을 말씀되게 하십시오! 말씀대로 기도하고, 말씀대로 살려는 순종이 있을 때 혁명은 그곳에서 시작됩니다.

주님의 기도를 한 절 한 절 곱씹으며 묵상하다보면 우리 기도가 얼마나 주님의 뜻에서 멀리 벗어나 있는지를 깨달을 것입니다. '나'에서 '주님'으로 주어를 바꾸는 것, '내 뜻'에서 '주님의 뜻'으로 기도의 내용을 바꾸는 것, '나'에서 '우리'로 축복의 주체를 바꾸는 것, 이것이 주기도의 혁명입니다. 기도는 채우는 것이 아니라 비우는 것입니다. 그릇은 비었기 때문에 쓸모가 있습니다. 기도를 통해 내 안을 비울 때 하나님은 그 안에 소중한 보배들로 채우십니다.

이 책은 주님이 가르쳐준 기도 모범인 주기도에 따라 우리 기도를 점검하고 훈련하기 위해 기록되었습니다. 무엇보다 주기도의 각 단어와 기도들의 정확한 의미를 밝히려는 데 주력했습니다. 기도의 힘은 말씀의 정확한 해석으로부터 나오기 때문입니다. 또한 실제 기도 훈련을 할 수 있도록 모범 기도문을 실었고, 묵상을 위하여 생각해볼 문제들도 예시해 놓았습니다. 이 책을 따라가다 보면 주기도가 주는 놀라운 능력과 축복들을 경험하게 될 것입니다. 지금 당장 주기도를 '천천히' '한 마디씩' '소리 내어' 기도해 보십시오. 내 안에서 일어나는 변화의 힘을 느끼게 될 것입니다.

| 추천하는 글 |

하나님 나라의 부요를 맛보는 기도

김회권 교수
숭실대 인문대 기독교학과 교수, 하나님 나라 신학 연구소장

　저자 이종철 목사의 책 『하나님이 찾으시는 기도』는 기도의 기본인 주님이 가르치신 기도의 핵심을 하나님 나라의 관점에서 강해하고 있습니다. 저자의 강해서는 간결하고 쉬우면서도 여러 군데에서 기도하고 싶은 열망을 불러일으키는 통찰을 보여주고 있습니다. 이 책은 단지 기도에 관한 책을 많이 읽은 사람이 쓴 책이 아니라 스스로 많은 기도 훈련을 받고 그것을 통해서 기도의 의미를 터득한 사람이 말하는 기도에 관한 이야기입니다.
　저자에게 기도는 하나님 나라의 부요를 맛보는 "그리스도인 공동체"의 축제인 것과 동시에 교회 밖의 사람들에게까지 기도의 혜택을 흘러넘치게 만드는 보편적인 축제입니다. 또한 기도는 골방에서 이뤄지는 은밀하고 지극히 개인적인 과업이면서도 동시에 광장에 울려

퍼지는, 하나님 나라 도래를 알리는 나팔소리입니다.

　이종철 목사의 「하나님이 찾으시는 기도」는 단순히 기도에 관한 책이 아니라 하나님 나라, 기독교신앙의 본질, 그리고 인생의 근본 문제에 대한 깨우침을 나누고 있습니다. 그래서 이 책은 기독교 신앙이 무엇인지 묻는 사람들에게 추천할 수 있는 책입니다. 또한 하나님과의 은밀한 영적 소통을 통해 한 단계 성장하기 원하는 열망을 가진 성도들에게 필요한 책입니다. 소담스럽고 온유한 구두체 설교를 접하는 듯한 인상을 주는 이 책이 모쪼록 성도들을 섬기며 널리 읽히기를 소망합니다.

1

기도를 가르쳐 주옵소서

너희는 이렇게 기도하라

예수님께서 가르치신 기도를 통해 하나님이 찾으시는 기도를 드리기 원하는 모든 기도자들을 환영합니다. 신앙은 기도한 만큼 자라고 인격은 기도한 대로 변화됩니다. 제자들이 예수님에게 기도하는 법을 가르쳐 달라고 요청했던 것은 매우 현명한 자세였습니다(눅 11:1). 예수님의 모든 능력이 기도로부터 나왔기 때문입니다. 주님이 가르치신 기도 이야기의 출발은 세례 요한이나 다른 유대교 선생들이 그의 제자들에게 자기들 종파에 맞는 기도를 가르쳤다는 데 있습니다. 제자들도 자기 무리에 맞는 기도문을 요청했던 것입니다. 그러나 예수님은 단지 제자들에게 상투적으로 읊조리는 기도문만을 가르치길 원치 않으셨습니다. 무엇보다 그들이 하나님의 뜻을 분별하며, 하나님의 뜻에 따라 살며, 하나님이 주신 능력으로 권능 있는 삶을 살기를 원하였습니다. 그래서 주님은 주기도를 통해 올바로 기도하는 법을 가르쳐주셨을 뿐만 아니라 어떻게 기도해야 하는지 모범을 보여주셨습니다.

예수님의 기도

이를 예리한 눈으로 알아차린 사람은 바로 누가였습니다. 누가복음에는 기도하는 예수님의 모습이 다른 어떤 복음서들보다 많이 나타나 있습니다. 기도는 예수님의 능력의 근원이었고, 공생애의 중요한 고비마다 결정적 역할을 하였습니다. 예수님께서 세례 받으시고 기도하실 때 하늘이 열렸습니다(눅 3:21). 예수님은 한적한 곳에서 기도하심으로 능력을 받아 문둥병자와 중풍병자를 고치셨습니다(눅 5:16). 예수님은 밤이 새도록 기도하시고 열두 제자를 세우셨습니다(눅 6:12). 예수님은 기도하심으로 가이사랴 빌립보에서 제자들의 신앙고백을 받으시고 십자가와 부활에 대해서 처음으로 예고하셨습니다(눅 9:18). 변화산에서 예수님께서 기도하실 때 그 용모가 변화되셨습니다(눅 9:29). 기도의 모범인 주기도를 제자들에게 가르쳐 주신 것도 기도하시고 난 후였습니다(눅 11:1).

다른 어느 곳보다 누가복음에는 기도와 관련된 비유도 많습니다. 밤중에 찾아온 벗의 비유(눅 11:5-8)는 강청하는 기도의 중요성을 가르쳐줍니다. 과부와 불의한 재판관의 비유(눅 18:1-8)는 기도하고 낙망하지 말아야 한다는 교훈을 줍니다. 바리새인과 세리의 기도 비유(눅 18:10-14)는 겸손의 기도가 무엇임을 보여줍니다. 예수님은 제자들을 위해 많은 중보기도를 하셨습니다. 베드로의 믿음을 넘어뜨리려는 사단의 시험을 막기 위하여 주님은 기도하셨습니다(눅 22:32). 이 덕분에 베드로는 예수님을 세 번 부인하는 큰 죄를 저질렀음에도 불구하고 다시 믿음을 회복할 수 있었습니다.

누가의 기도 신학의 절정은 겟세마네 기도(눅 22:39-46)에서 적나라하게 드러나고 있습니다. 예수님은 습관을 좇아서 기도했으며(39절), 제자들과 함께 기도했습니다(40절). 예수님의 기도는 아버지의 뜻을 구하는 기도였고(42절), 천사가 기도를 도왔습니다(43절). 예수님께서 얼마나 간절히 기도하셨는지 땀이 핏방울처럼 땅에 떨어졌다고 누가만이 유일하게 보도하고 있습니다(44절). 겟세마네에서 고군분투하며 기도하신 예수님은 마침내 아버지의 뜻을 따르기로 결단합니다. 이후 십자가의 길은 오히려 쉬운 길이었다 할 수 있습니다. 이미 겟세마네에서 승리하셨기 때문입니다. 기도는 문젯거리를 하나님의 전으로 끌어들여 홈그라운드에서 미리 승리를 맛보게 하는 효과가 있습니다.

이처럼 예수님의 삶은 절대적으로 기도의 삶이셨습니다. 그래서 혹자는 주기도를 '꾹' 짜면 한 방울의 물로 떨어지는데 그것은 바로 '예수'라는 두 글자라고 합니다. 예수님의 삶은 주기도를 실천한 삶이었습니다. 십자가는 주기도의 완성입니다. 예수님은 주기도를 만드셨고, 주기도는 예수님을 만들었습니다. 그러니 제자들이 기도를 가르쳐달라고 요청한 것은 제자의 삶에 있어서 가장 핵심적인 사항을 요구한 것이라 할 수 있을 것입니다. 주기도는 이렇게 해서 탄생했습니다. 우리도 주님께 나아가 겸손히 기도를 가르쳐 주옵소서 하고 요청할 수 있기를 바랍니다. 무엇보다 우리 기도가 변화되어야 합니다. 그래야 우리 신앙과 인격이 변화됩니다. 우리가 권세 있는 삶을 살 수 있습니다.

기도의 위기

그런 점에서 한국교회의 위기는 곧 기도의 위기입니다. 첫째는 기도의 양이 줄어들고 있습니다. 철야 기도는 점점 사라지고, 기도의 목소리는 낮아지고 있습니다. 70, 80년대 유명했던 기도원들은 이제 그 뜨거움을 잃고 있습니다. 기도꾼들이 사라지고 있습니다. 사람들은 기도가 잘 되는 곳보다 시설이 좋은 곳을 더 선호합니다. 한국교회의 정체는 기도 소리가 잦아지면서 시작되었다고 해도 과언은 아닐 것입니다. 어떤 일을 처음 시작할 때나 변화와 부흥의 시점에 있어서는 기도가 절대적으로 필요합니다. 기도는 그릇과 같습니다. 절대량이 채워져야 하나님의 역사가 일어납니다. 처음엔 가문 땅에 물 빠지듯 흔적도 없이 사라지는 것 같지만 일정 한계선에 도달하면 그때부터 차고 넘치기 시작합니다. 사람들은 이 때까지 참지 못하고 포기하거나 인간적인 방법을 사용하려 합니다.

기도의 분량 못지않게 문제가 되는 것은 기도의 내용입니다. 처음 기도할 때는 대부분 '무엇 무엇을 주십시오' 하는 식으로 축복을 간구하는 기도로 시작합니다. 어쩌면 이는 인간으로서 당연한 과정이라 할 것입니다. 연약한 인간이 하나님의 도우심을 구하고 축복을 구하는 것 외에 달리 무엇을 할 수 있겠습니까? 그러나 기도가 깊어질수록 자신의 생각이나 욕심을 위한 간구가 줄어들어야 합니다. 대신 하나님의 뜻을 구하는 것으로 우리 기도가 바뀌어야 합니다. 계속 이기적으로 자기 축복만을 간구한다면 무당이나 다른 기복 종교와 다를 바가 무엇이겠습니까? 하나님께서 우리 아버지 되심과 그 분의 전능하심을 인정한다면 우리의 기도가 오히려 그분께 모든 것을 맡기고 그분의 뜻을 구하는 기도로 바뀌어야 하지 않겠습니까? 내 생각이나 내 뜻보다 하나님의 계획과 뜻이 더 선하고 완전하지 않겠습니까? 내 뜻이 실현되는 것보다 하나님의 뜻이 실현될 때 나는 더 행복하고 부요한 인생을 살 수 있지 않겠습니까?

주기도의 여섯 개의 간구들 중 처음 세 개의 간구가 자신의 필요보다는 하나님의 뜻을 먼저 구하도록 배치되어 있는 이유가 바로 여기에 있습니다. 겟세마네 동산에서 드렸던 주님의 마지막 기도 모습은 우리 기도가 어떠해야 할지를 잘 보여주고 있습니다. 예수님은 처음에는 "내 아버지여 만일 할 만하시거든 이 잔을 내게서 지나가게 하옵소서"(마 26:39)라고 기도를 시작하였습니다. 자기 소원을 아뢴 것입니다. 그러나 기도가 깊어지자 기도의 내용이 바뀌기 시작합니다. "그러나 나의 원대로 마옵시고 아버지의 원대로 하옵소서"(마 26:39).

이것이 기도의 바른 자세입니다. 기도는 내 생각을 강요하는 것이 아니라 하나님의 뜻에 내 생각을 맞추는 것입니다. 기복적인 기도와 주님의 기도의 결정적인 차이가 여기에 있습니다. 기복적인 기도는 자신의 뜻은 굽히지 않고 하나님을 바꾸려 합니다. 그러나 참된 기도는 자신의 뜻을 바꾸어 하나님의 뜻에 맞추려 합니다. 기복적인 기도만 계속하면 아무리 오래, 또 소리 높여 기도했을지라도 우리 인격은 변하지 않습니다. 우리 주변에 기도를 열심히 하지만 그 인격들이 좀처럼 바뀌지 않는 사람들을 자주 봅니다. 주기도의 정신으로 기도하지 않았기 때문입니다. 기도는 자기 자신을 죽이는 훈련입니다. 그래서 우스갯소리로 '주기도'는 '죽이는 기도'라고도 합니다. 주기도는 예배 순서에 의례적으로 들어가는 형식적인 기도가 아닙니다. 그 의미를 깊이 묵상하며 주기도를 통해 기도를 배운다면 우리의 기도뿐만 아니라 우리 인격 또한 더 깊고 풍요로워질 것입니다.

제 삶을 이끌어갔던 것도 바로 이 주기도였습니다. 저에게 주기도는 매우 특별한 의미가 있습니다. 제 첫 기도가 주기도로 드린 기도였기 때문입니다. 대학교 1학년 때였습니다. 대학에 갓 들어가서 한 선배의 인도로 교회에 다니게 되었습니다. 그러다 그 해 여름에 교회 청년부에서 주관하는 수련회에 참여하게 되었습니다. 수련회 장소는 철원 한탄강가의 대한수도원이라는 곳이었습니다. 저는 그곳에 도착하자마자 마음 문이 닫히고 말았습니다. 사람들이 두 손을 들고 "주여!" 소리치며 기도하는데 그런 광경을 처음 보았기 때문이었습니다. 왠지 그들이 광신도들처럼 느껴져 수련회 내내 교회 프로그램에 좀처럼 동화될 수 없었습니다. 몰래 빠져나와 한탄강에서 발을 담그며 놀기 일쑤였습니다.

그런데 수련회 마지막 날이 되니까 갑자기 마음이 허전해지는 것이었습니다. 소중한 시간을 내어 여기까지 왔는데 이대로 내려가면 손해라는 생각이 들었습니다. 그래서 마지막 날 밤 모두 자고 있는 사이에 몰래 빠져나와 강가로 나가서 철야기도를 하기로 결심했습니다. 강가 곳곳에는 바위 위에서 밤 기도하시는 분들이 많았습니다. 그런데 밤 기도가 얼마나 무섭습니까? 뒤에서 무언가 달려들 것 같았고 머리카락이 곤두서는 것 같았습니다. 너무 두려워서 기도하는 분들 가까이 가서 기도했습니다. 그런데 처음 해보는 기도라 기도를 어떻게 할지 몰랐습니다. 1~2분 정도 기도하니 더 이상 할 말이 생각나지 않았습니다. 그 때 다행히 제가 주기도를 암송하고 있었습니다. 그래서 주기도만 반복했습니다. 그렇게 주기도를 수백 번 암송하며 기도하다 날을 꼬박 새었습니다. 그렇게 하면 하나님께서 나타나시든지 아니면 무슨 일이든 일어날 것이라 생각했습니다. 그 날 저에게 무슨 일이 일어난 줄 아십니까? 아무 일도 일어나지 않았습니다.

그런데 놀라운 것은 그 기도 이후로 제 삶이 바뀌기 시작했다는 것입니다. 주기도의 기도가 저의 기도가 되었고, 주기도를 이루는 삶을 살려고 노력하게 되었습니다. 저의 최고 관심은 하나님 나라와 하나님의 영광이 되었습니다. 저 스스로를 하나님의 영광을 위하여 싸우는 그리스도의 군사로 여기게 되었습니다. 제가 가장 자주 드리는 기도며 또 가장 감동이 되는 기도는 "하나님, 저를 통하여 주님의 영광을 드러내시옵소서", "하나님의 뜻이 제 안에서 온전히 실현되기를 원합니다"라는 기도입니다.

주기도는 그리스도의 제자 된 사람이라면 모두가 배워야 할 기도의 모범입니다. 우리 기도가 메마르고 타성에 젖었다고 생각되면 다시 주기도로 돌아가는 것이 좋습니다. 일류 선수가 슬럼프에 빠졌을 때 빨리 극복하는 방법은 기본으로 돌아가는 것입니다. 가장 초보 시절일 때 훈련했던 대로 기본기를 수백, 수천 번 반복 연습하다보면 다시 실력이 회복됩니다. 기도도 마찬가지입니다. 주기도는 기도의 알파벳입니다. 한국교회의 희망도 다른 데 있지 않습니다. 주님께서 가르쳐주신 이 주기도를 회복하는 데 있습니다.

함께 주기도 학교에 입학하여 기도의 기본을 다시 배우려는 여러분을 환영합니다.

주기도는 크게 네 부분으로 나눌 수 있습니다.

첫 번째는 부름의 말입니다. "하늘에 계신 우리 아버지여!"

둘째 부분은 "이름이 거룩히 여김을 받으시오며", "나라이 임하옵시며", "뜻이 하늘에서 이룬 것같이 땅에서도 이루어지이다"로 하나님의 뜻을 위한 간구 세 가지입니다.

셋째 부분은 "오늘날 우리에게 일용할 양식을 주옵시고", "우리가 우리에게 죄 지은 자를 사하여 준 것같이 우리 죄를 사하여 주옵시고", "우리를 시험에 들게 하지 마옵시고 다만 악에서 구하옵소서"로 우리를 위한 간구 세 가지입니다.

마지막으로 송영부입니다. "나라와 권세와 영광이 아버지께 영원히 있사옵나이다. 아멘."

주님, 우리에게 기도를 가르쳐 주옵소서. 우리는 마치 어린아이처럼 기도의 한 걸음을 어떻게 떼어야 할지 모릅니다. 기도하다가도 자기 뜻대로 되지 않는다고 짜증을 내기 일쑤고, 쉽게 포기하고 맙니다. 지금 간구하는 것이 자신에게 정말 복이 되는 지도 모른 채 그저 떼쓰듯이 기도하고 있을 뿐입니다. 주님을 믿은 지 오랜 세월이 지났건만 여전히 은혜의 보좌 언저리에서 서성이고 있는 저희를 불쌍히 여겨주소서. 너희는 이렇게 기도하라는 주님의 말씀을 따라 이제 우리 기도의 한 마디를 떼기를 원합니다. 하늘에 계신 우리 아버지여 우리를 기도의 깊은 곳으로 인도하옵소서.

묵상과 나눔

❶ 이제껏 자신이 갖고 있던 기도에 관한 정의를 떠오르는 대로 나열해 봅시다. 과연 당신에게 기도는 어떤 의미를 갖고 있습니까?

....

....

....

❷ 누가복음을 따라가며 예수님께서 기도하시는 모습을 살펴 봅시다. 예수님의 기도하는 모습을 보며 어떤 느낌이 드는지 서로 나누어 봅시다(눅 3:21, 5:16, 6:12, 9:18, 9:29, 11:1 참조).

....

....

....

❸ 기도와 관련하여 현재 한국교회의 실상을 분석한 이 책의 문제의식에 동의합니까? 서로의 생각을 나누어 봅시다.

....

....

....

....

2

기도의 알파와 오메가

아버지여

어느 교회 주일 예배 대표기도의 한 모습입니다. "전능하시고, 자비하시며, 사랑이 무궁하시며, 영원부터 영원까지 살아계시며, 지극히 거룩하시고 존엄하시며, 무소부재하시며, 하늘과 땅과 모든 역사를 주관하시는, 은혜가 풍성하신 우리 하나님 아버지…." 하나님에 대한 모든 미사여구를 갖다 붙였지만 하나님은 오히려 멀게만 느껴지지 않습니까? 자기 아버지를 부를 때 이렇게 복잡하게 부르는 자녀는 없습니다. "아빠!" 하면 그만이지요.

주기도의 가장 처음은 우리 기도의 시작을 어떻게 할 것인가를 잘 보여주고 있습니다. 그러기 위해서는 주기도를 자세히 분석해 보는 것이 필요합니다. 우리말 주기도는 부름의 말이 "하늘에 계신 아버지여" 순으로 되어 있지만 헬라어 원문 순서는 이와 정반대입니다. '파테르(아버지여)', '헤몬(우리)', '호 엔 토이스 우라노이스(하늘에 계신)', 곧 "아버지여, 우리, 하늘에 계신"의 순서입니다. 이 순서는 매우 중요합니다. 기도는 "아버지여!"로 시작하여 "아버지여!"로 마칩니다.

기도는 그 핵심이 하나님의 아버지 되심을 확인하고, 아버지 되신 하나님과의 연합을 이루는 데 있기 때문입니다.

감히 부를 수 없는 이름

기도는 우리가 기도하는 대상이 누구인지 분명히 아는 데서부터 시작합니다. 하나님은 우리의 아버지십니다. 우리가 아버지로 모신 하나님은 어떤 분이십니까? 이 우주와 인간을 만드신 전능하시고 전지하시고 거룩하시고 무소부재하신 하나님이십니다. 이 하나님이 바로 우리 아버지시라는 감격으로 기도는 시작합니다.

우주가 얼마나 큰지 상상해 본 적이 있습니까? 현대 과학에 의해 밝혀진 우주의 끝은 수백억 광년에 이릅니다. 1초에 30만킬로미터로 달리는 빛의 속도로 1년간 갈 수 있는 거리가 1광년입니다. 이 거리도 상상하기 힘든데 여기에 또 수백억이 더 붙습니다. 우주에 별은 또 얼마나 많습니까? 어떤 과학자는 지구상의 해변이나 사막에 존재하는 모든 모래 알갱이의 수를 합친 것에 열을 곱한 것이 우주에 존재하는 별의 숫자라고 합니다. 더구나 지구는 태양 주변을 돌고 있는 작은 행성에 불과합니다. 그렇지만 지구라는 이 행성 또한 얼마나 큽니까? 그렇게 빠른 비행기로도 며칠을 돌아야 겨우 지구의 한 바퀴를 돌 수 있을 뿐입니다. 대한민국 땅덩이도 좁다하지만 우리가 이제껏 밟아본 땅보다 아직 밟아보지 않은 땅은 비교할 수 없을 정도로 많습니다.

이런 광활한 우주에 비하면 인간은 정말 먼지만도 못한 존재입니다. 바로 이 광대한 우주와 세계를 만드신 하나님이 우리 아버지 되신다는 사실에 우리는 얼마나 감격스러워 하고 있습니까? 제대로 된 이성을 가진 지성인이라면 이런 광활한 우주와 그것을 만드신 분 앞에 겸손할 수밖에 없을 것입니다. 어떤 면에서 고대인들은 현대인들보다 더 현명했습니다. 그들은 인간과는 전적으로 다른 신이라는 존재가 얼마나 가까이 하기 어려운 존재인지 직감적으로 깨닫고 있었기 때문입니다. 그들은 거룩한 신 앞에 나아갈 때는 항상 물로 더러운 자신들을 씻어야 했습니다. 신이 계신 지성소는 함부로 접근할 수 없는 신성불가침의 영역이었습니다. 고대인들의 기도 또한 지극히 엄숙했습니다. 평민이 신적인 권력을 가진 왕 앞에 나아갈 때의 긴장감보다 더한 긴장감을 가지고 신전으로 나아갔습니다. 그 기도 내용 또한 왕에게 아첨하듯 신의 위엄과 업적을 찬양하며 신의 은총을 간구해야 했습니다. 이런 모습은 신의 이름을 부를 때 가장 잘 드러났습니다. 예컨대 고대 바벨론에서 자기 신의 이름을 부를 때의 모습을 한 번 보십시오. "하늘과 땅의 왕이신 '샤마스(Shamas)'여, 공평과 정의의 주이시며, '아누나키(Annuaki)'의 주시요, '이기기(Igigi)'의 주시여, 약속을 폐하지 않으시며, 명령을 변하지 않으시는 주시여!"

신에 대한 두려움과 찬양으로 가득 차 있습니다. 그런데 이런 기도의 문제는 그들이 간구하는 신이 인간과는 너무 멀리 떨어져 존재한다는 것입니다. 바로 이것이 중언부언하는 기도입니다. 마태복음 6장 7절에서 예수님께서는 "너희는 기도할 때에 이방인과 같이 중언부언하지 말라 저희는 말을 많이 하여야 들으실 줄 생각하느니라"고 말씀하셨습니다. 중언부언은 말이 많은 기도입니다. 왜 말이 많은가? 신을 설득하기 위해서입니다. 신에게 아첨하는 말을 해야 신이 기쁜 마음으로 자기 기도를 들어주기 때문입니다. 자기의 힘든 사정을 낱낱이 아뢰어야 신이 설득당해 저들의 소원을 들어주기 때문입니다. 그렇지만 하나님을 아버지로 모신 자들은 이렇게 기도하지 않습니다. 우리가 아뢰기도 전에 우리의 모든 소원을 알고 계신 분이 바로 우리 하나님 아버지입니다. 우리 기도를 들으시는 하나님은 자녀들의 소원을 몰인정하게 외면하는 그런 무정한 아버지가 아닙니다. 중언부언하는 기도는 했던 말을 반복적으로 하고 또 하는 기도를 뜻하는 것이 아닙니다. 중언부언하는 기도는 자기가 기도하는 대상이 누구인지 모르고 하는 기도를 말합니다. 그 대상을 알더라도 자기와는 전혀 상관이 없는 존재에게 드리는 기도입니다.

하나님을 믿었던 이스라엘 백성들은 당시 중근동의 이방인들처럼 그렇게 기도하지 않았습니다. 대표적으로 시편을 보면 잘 알 수 있습니다. 시편에서는 하나님을 부를 때 복잡한 수식어를 붙이지 않습니다. 시편의 부름의 말들은 하나같이 "하나님이여!", "여호와여!", "내 하나님이여!" 이 한 마디로 시작합니다. 어느 시편을 펴나 마찬가지입니다. 길어봤자 "만군의 여호와여"(시 84:1), "여호와 내 구원의 하나님이여"(시 88:1), "왕이신 나의 하나님이여"(시 145:1) 정도입니다. 그만큼 하나님이 가깝다는 말입니다. 가까울수록 부름의 말은 짧아집니다. 우리들이 기도할 때도 그렇습니다. "아버지!", "주여!"로 충분합니다. 왜 말이 길어집니까? 친하지 않으니까, 거리감이 느껴지니까 그렇습니다. 관계 속에서 문제가 생겼을 때, 친한 사이면 서론이 필요 없습니다. "네가 어찌 그럴 수 있어!" 이 한마디면 족합니다. 자녀가 아버지한테 무언가 부탁하러 가서 "아빠, 나 이것 좀 해줘요" 하면 됐지, "연봉이 많으시고, 잘 생기시고, 남자다운 기상과 대범함을 지니신 우리 아버지시여!" 하면 되겠습니까? 당장 "얘가 미쳤나?" 하는 반응이 나올 것입니다.

기도의 시작, "아버지여!"

그런데 예수 믿는 우리들은 옛 이스라엘 백성들보다 하나님과 더 가까운 존재가 되었습니다. 이제는 "하나님이여!", "여호와여!" 정도가 아닙니다. 이제는 "아버지여!" 입니다. 사실 구약의 유대인들은 십계명 중 "너의 하나님 여호와의 이름을 망령되이 일컫지 말라"는 제3계명 때문에 여호와의 이름을 함부로 부를 수 없었습니다. 그래서 구약 성경 중 '여호와'라는 단어만 나오면 이 단어를 '아도나이' 곧 '나의 주님'으로 바꾸어 읽었습니다. 그러다 보니 하나님 이름을 발음하는 법을 잊을 정도였습니다. 히브리어는 자음만 표기합니다. 일부 학자들은 이 자음에 '아도나이'의 모음을 붙여 '여호와'라고 부르지만, 정확한 음가는 '야훼'가 맞습니다. "할렐루'야'!"(야훼를 찬양하라!)의 발음을 보면 쉽게 알 수 있습니다.

우주보다 높고 범접할 수 없는 하나님을 우리는 아버지라 부릅니다. 얼마나 대단한 일입니까? 우리 예수님은 아버지란 말도 성이 안 차셨던지 하나님을 "아바"라 부르셨습니다. "아바 아버지여, 아버지께는 모든 것이 가능하오니"(막 14:36). 아바는 우리말로 '아빠'입니다. 당시 유대 사회에서 어린 아이들이 아버지를 친근하게 부르는 말입니다. 갈라디아서 4장 6절에서는 "너희가 아들인 고로 하나님이 그 아들의 영을 우리 마음 가운데 보내사 아바 아버지라 부르게 하셨느니라"고 말씀합니다. 하나님은 우리의 '아빠'입니다.

예수 그리스도의 이름을 믿는 자들에게는 하나님의 자녀가 되는 권세를 주셨습니다(요 1:12). 이 권세는 하나님을 아버지라 부를 수 있는 권세입니다. 만약 하나님이 우리 아버지가 되신다면 염려할 것이 무엇입니까? 우리가 모시고 사는 아버지는 부자 아버지이십니다. 아버지가 부자면 자녀도 부자입니다. 그렇다면 거지같이 비굴하게 살지 않아야 합니다. 또 안절부절하며 근심하거나 불안해하지 않아야 합니다. 주기도문은 산상수훈의 한 중심부에 위치해 있습니다. 주기도와 한 본문에 있는 마태복음 6장 말씀에서 주님은 이렇게 말씀합니다. "그러므로 염려하여 이르기를 무엇을 먹을까 무엇을 마실까 무엇을 입을까 하지 말라 이는 다 이방인들이 구하는 것이라 너희 천부께서 이 모든 것이 너희에게 있어야 할 줄을 아시느니라"(마 6:31-32). 사실 '아버지여!'라고 부르는 순간 기도는 끝난 것과 마찬가지입니다. 우리 아버지 되신 하나님은 우리 모든 필요를 미리 알고 계십니다. 능력이 있으면서도 자녀를 굶기는 아버지가 세상에 어디 있겠습니까?

하나님께서 우리 아버지가 되신다면 우리는 결코 두려워할 이유가 없습니다. "너희는 다시 무서워하는 종의 영을 받지 아니하였고 양자의 영을 받았으므로 아바 아버지라 부르짖느니라"(롬 8:15). 아빠의 손을 잡고 가는 아이를 보십시오. 얼마나 든든합니까? 자기보다 큰 아이들이 있을지라도 두려워하지 않습니다. 평소에 자기를 괴롭히던 아이가 있다면 발로 한 대 걷어차고 올 것입니다. 그런데 만약 어떤 아이가 아빠의 손을 잡고서도 두려워하고 있다면 그것은 아빠를 모욕하는 것과 같습니다. 혹시 우리가 이러고 있지는 않습니까? 기도는 내가 붙잡고 있는 손이 누구의 손인지 분명히 아는 것에서부터 시작합니다.

하나님은 우리가 기도하기도 전에 우리에게 필요한 것이 무엇인지 알고 계십니다. 주기도 구절 바로 앞에 있는 마태복음 6장 8절에서 예수님은 이렇게 말씀하십니다. "그러므로 저희(이방인)를 본받지 말라 구하기 전에 너희에게 있어야 할 것을 하나님 너희 아버지께서 아시느니라." 사실 그렇습니다. 부모는 자식이 요구하기도 전에 자녀가 무엇을 필요로 하고 있는지, 또 그것이 꼭 필요한 것인지 아닌지 잘 알고 있습니다. 하나님은 나를 지으시고 나를 향한 계획을 가지고 계신 분이십니다. 그러기에 나보다 더 나를 잘 알고 지금 나에게 꼭 필요한 것이 무엇인지 더 잘 파악하고 계십니다.

그렇다면 하나님이 다 알고 계신데 우리가 굳이 기도할 필요가 무엇이겠느냐고 반문할는지 모릅니다. 그러나 예수님은 하나님 아버지께서 다 알고 계시더라도 찾고 구하고 두드리라(마 7:7)고 명령하십니다. 그것은 우리의 유익을 위해서입니다. 하나님은 모든 것을 주실 준비가 되어 있지만 우리가 받을 그릇이 되어 있지 않기 때문입니다.

기도를 통해서 그릇을 다지라는 뜻입니다. 기도 없이 받는 선물에는 감사가 없습니다. 소중한 줄도 모릅니다. 어쩌면 그 선물이 우리를 망하게 할지도 모릅니다. 로또나 복권, 또는 갑자기 횡재를 맞았던 사람들의 불행을 우리는 잘 알고 있습니다. 준비되지 않고 받았기 때문입니다. 물질의 그릇이 되어야 하나님께서 물질을 부어주십니다. 지도자의 그릇이 되어야 지도자의 자리를 허락해 주십니다. 그래서 그릇을 다지기 위해 하나님께서는 일부러 우리 기도를 외면하실 때도 있습니다. 우리가 기도하는 대상이 누구인지 잘 안다면 이런 때일수록 실망하지 말고 더 간절히 기도에 매달려야 합니다.

또 어느 때는 아예 우리 기도를 외면하실 때도 있습니다. 우리에게 불필요하기 때문입니다. 기도에 응답하는 것이 오히려 해가 되기 때문입니다. 예컨대 어린 아이가 칼을 달라고 하면 부모는 주지 않습니다. 아이가 다칠 위험이 있기 때문입니다. 그러므로 어떤 때는 응답하지 않는 것도 응답입니다. 예컨대 비행기 표를 놓고 간절히 기도했는데 구하지 못했습니다. 그렇다면 그것도 응답입니다. 하나님께서 다른 더 좋은 것을 주시기 위해 잠시 그 여행을 미루어 놓으실 필요가 있었을는지 모릅니다. 또 그 비행기를 타고 가면 어떤 위험에 빠질 우려가 있기 때문에 미리 막으신 것인지도 모릅니다. 우리가 기도하는 대상이 누구인지 안다면 비록 기도 응답이 되지 않았을지라도 우리는 그분을 찬양하고 그분의 선하신 뜻을 생각하며 감사할 수 있습니다. 그런 점에서 '아버지여!'라고 부르는 순간 이미 그 기도는 응답받은 것과 같다 할 것입니다.

기도의 목표, "아버지여!"

"아버지여!"라는 부름의 말은 기도의 시작이면서 동시에 기도의 목표이기도 합니다. 기도는 어느 때까지 해야 하는가? 기도는 '하나님이 정말 우리 아버지시구나' 라고 느껴질 때까지 하는 것입니다. 기도 중에 "사랑하는 아들아, 사랑하는 내 딸아, 내가 너를 사랑한다"는 감동이 임할 때가 있습니다. 그때 눈물이 주룩 흘러내리며 "하나님 저도 주님을 사랑합니다" 고백하며 우리 기도는 절정에 이릅니다. 기도 응답을 받았다고 할 때는 다름 아닌 이처럼 아버지 되신 하나님의 사랑을 느낄 때입니다. 그때 모든 지각에 뛰어난 하나님의 평강(빌 4:7)이 우리 속에 임하면서 하나님께서 우리 기도를 들으셨다는 확신이 생겨납니다. 기도는 이 확신이 들 때까지 해야 합니다. 기도가 막히고 퍽퍽한 것은 하나님이 아버지로 느껴지지 않고, 이웃집 아저씨나 어떤 이념이나 어떤 벽처럼 느껴지기 때문입니다. 이때는 전심을 다해 찬송하거나 더욱더 간절히 기도해야 합니다. 그러다 보면 기도의 깊은 데로 들어가 하나님이 타인이 아니라 나와 함께 하시는 분, 나와 하나 된 하나님으로 느껴지기 시작합니다. 바로 이곳이 기도의 정상입니다.

요한복음에서 증언하고 있는 예수님과 하나님의 관계가 그렇습니다. 주님은 성부 하나님을 부르실 때 다른 호칭보다 절대적으로 '아버지' 라는 호칭을 사용하셨습니다. 한글개역판 요한복음에는 '아버지' 라는 단어가 무려 117번이나 나옵니다. 요한복음 17장은 예수님께서 십자가를 지시기 전 제자들을 위해 드리신 마지막 기도입니다.

흔히 '대제사장적 기도'라 불리는 이 기도의 핵심은 '하나됨'입니다. 예수님은 이렇게 기도하셨습니다. "아버지께서 내 안에, 내가 아버지 안에 있는 것같이 저희도 다 하나가 되어 우리 안에 있게 하사 세상으로 아버지께서 나를 보내신 것을 믿게 하옵소서"(요 17:21). 예수님의 목표는 하나님 아버지를 중심으로 대가족을 이루는 것입니다. 성부 하나님과 예수님의 사랑의 교제권 안으로 제자들이 들어가도록 하시고, 그 제자들을 통해 세상의 많은 사람들을 한 가족으로 만드는 것입니다.

요한복음 15장의 포도나무 비유의 핵심도 하나됨입니다. "나는 포도나무요 너희는 가지니 저가 내 안에, 내가 저 안에 있으면 이 사람은 과실을 많이 맺나니 나를 떠나서는 너희가 아무것도 할 수 없음이라"(요 15:5). 예수님을 통해 하나님 아버지와 하나 된 사람은 과실을 많이 맺습니다. 사실 우리가 기도하는 이유는 과실 때문입니다. 우리는 인격의 과실, 일의 과실, 문제해결의 과실을 얻기 원합니다. 풍성한 과실을 맺는 가장 효과적인 방법은 좋은 나무에 붙어 있는 것입니다. 그런데 우리는 열매만 바라보지 자신의 내면을 바라보지 않습니다. 내가 지금 예수님과 온전히 연합해 있는지에 대해서는 관심을 갖지 않습니다. 기도의 목표는 기도제목 자체가 아니라 예수님이어야 합니다. 예수님과 하나 되는 연합을 이루는 순간 우리가 목표로 하던 기도제목의 과실은 저절로 이루어지게 되어 있습니다.

교회 수도원이 생긴 이유도 여기에 있습니다. 3~5세기에 이집트 사막에는 수많은 수도원이 있었습니다. 그곳에서 생활하던 수도자들을 사막의 수도자라고 불렀습니다. 이들은 보는 것, 듣는 것, 말하는 것의 유혹을 끊고 하나님과의 연합을 추구했던 사람들입니다. 한창 번성할 때는 그 숫자가 3만 명에 이르렀고 이집트 사막이 가득 찰 정도로 수도원이 많았습니다. 지금도 예루살렘에서 여리고로 내려가는 곳에는 성 조지(St. George) 수도원이라는 곳이 존속하고 있습니다. 이곳에는 유명한 동굴 수도자들이 있었습니다. 이들은 높은 동굴 속에 살면서 죽을 때까지 밖으로 나오지 않고 수도만 하였습니다. 지금도 깎아지른 절벽 위에는 수도자들에게 음식을 공급하던 바구니가 밧줄에 대롱대롱 매달려 있는 것을 볼 수 있습니다. 이들의 목표는 단 한 가지, 하나님과 하나 되는 연합이었습니다.

우리 기도가 하나님 앞에 자기 용건만 간단히 아뢰고 나오는 피상적 만남에 그쳐서는 안됩니다. 기도의 깊은 곳으로 가야 합니다. 하나님과 연합에 이르면 이를수록 우리 안에 있는 자기 욕심이나 자기 생각이 죽습니다. 이 세상에 속한 것보다 하나님을 더 사랑하게 됩니다. 하나님이 친근한 아버지로 다가오는 순간 우리 영혼에 진정한 위로와 안식이 찾아옵니다. 우리 기도가 하나님과의 연합에 이르기 전에 멈추거나 일방적인 독백만 하고 내려오기 때문에 우리는 기도가 주는 기쁨이나 능력을 체험하지 못할 때가 많습니다.

그래서 가끔 하나님께서 우리에게 고난이나 문젯거리를 주실 때가 있습니다. 그 이유는 우리와 사귐을 갖기 위해서입니다. 인간관계도 그렇지만 사건이 없으면 정이 들지 않습니다. 문젯거리 때문에 얼굴 붉히고 싸우고 근심하며 애태우다 깊은 정이 드는 것입니다. 하나님과 인간 사이도 마찬가지입니다. 인간은 고난이 없으면 하나님을 찾지 않습니다. 사방이 막혀서 도무지 어찌할 수 없을 때 우리는 그때서야 비로소 하나님께 나아와 부르짖게 됩니다. 그러므로 문제가 생기면 우리는 이렇게 생각해야 합니다. '아, 하나님께서 우리와 사귐을 갖기를 원하시는구나.' 인생의 목적은 영원한 하나님과의 연합입니다. 고난은 우리를 하나님 앞으로 인도하는 좋은 안내자입니다.

우리 인격의 목표, 하나님 아버지

하나님이 우리 아버지가 되신다는 사실은 또한 우리가 지향해야 할 인격의 목표를 밝혀 줍니다. 주기도 바로 앞에 위치한 마태복음 5장 48절은 우리가 어떤 존재가 되어야 할지 잘 보여주고 있습니다. "그러므로 하늘에 계신 너희 아버지의 온전하심과 같이 너희도 온전하라"의 '온전'은 '완전(perfect)'입니다. 하나님은 우리가 당신처럼 퍼펙트한 사람이 되기를 원합니다. 자녀는 아버지를 닮게 되어 있습니다. 매일같이 하나님 아버지라 부르짖는데 우리 인격이 만약 그 아버지를 닮아 있지 않다면 그것은 우리 기도가 잘못되었다는 증거일 것입니다.

김동인 씨가 쓴 『발가락이 닮았네』라는 단편 소설이 있습니다. M이라는 사람이 소설의 주인공인데, 이 사람은 젊은 시절 방탕하게 지내다 그만 성병에 걸려 생식기능을 잃고 맙니다. 그런데도 불구하고 결혼한 아내가 임신을 해서 아들을 낳게 되었습니다. 아내가 불륜을 저지른 것입니다. 그렇지만 M은 어떻게든 그 아이를 자기 자식이라고 인정하고 싶어합니다. 그런데 아무리 살펴봐도 자기를 닮은 데가 한 구석도 없습니다. 그러던 어느 날 M이 아이의 발가락을 만지다 뛸 듯이 기뻐합니다. 바로 발가락이 자기를 닮았기 때문이었습니다. M은 가운데 발가락이 다른 발가락에 비해 유난히 길었는데 6개월도 안 된 그 갓난아이의 발가락이 그러했던 것입니다.

 소설에 불과하지만 하늘나라에 갔을 때 우리에게 이런 비극적인 일이 일어나지 않기를 바랍니다. 하나님이 멀리서도 '내 자녀가 오는 구나!' 라고 우리를 알아 보셔야지, '나 닮은 곳이 어디 있나?' 라고 이리저리 살피다 마지못해 천국에 들여서야 되겠습니까? 기도를 많이 하면 할수록 우리는 우리 아버지이신 하나님을 닮은 사람이 되어야 합니다. 하나님이 크신 분인 것처럼 우리 마음도 커져야 합니다. 하나님이 사랑이신 것처럼 우리도 사랑으로 충만해야 합니다. 하나님이 진리이신 것처럼 우리도 진리의 사람이 되어야 합니다.

 만약 우리가 그렇게 오랫동안 기도하고도 우리 인격이 하나님을 닮지 않았다면 이는 하나님 아버지를 향하여 기도하지 않았기 때문입니다. 이 사람은 자기 이념이나 욕심을 따라 기도했지 하나님 아버지께 기도하지 않았습니다. 주님은 우리들에게 이렇게 경고하셨습니다. "그 날에 많은 사람이 나더러 이르되 주여 주여 우리가 주의 이름으로 선지자 노릇하며 주의 이름으로 귀신을 쫓아내며 주의 이름으로 많은 권능을 행하지 아니하였나이까 하리니 그 때에 내가 저희에게 밝히 말하되 내가 너희를 도무지 알지 못하니 불법을 행하는 자들아 내게서 떠나가라 하리라"(마 7:22-23). '도무지 알지 못한다' 는 말은 헬라어로 단순과거형입니다. 이는 지금뿐만 아니라 과거로부터도 도무지 알지 못했다는 말입니다. 그들이 기도한 대상은 하나님이 아니라 하나님처럼 보였던 세상이나 자기 욕심이었던 것입니다.

하나님과 사귐을 갖게 되면 우리 얼굴까지도 하나님을 닮게 되어 있습니다. 부부가 그렇습니다. 남남으로 만났지만 서로 사랑하면 닮습니다. 놀라운 것은 입양한 자녀도 정을 주고 기르면 닮는다는 사실입니다. 인간은 영적인 존재입니다. 그래서 사랑하면 얼굴도 닮게 되어 있습니다. 세상 사람들이 우리 얼굴을 보면 한 눈에 알아볼 수 있어야 합니다. 그 얼굴에 담긴 평화, 기쁨 때문에 세상에서 '아, 저 사람은 믿는 사람이구나' 라고 드러나야 합니다. 링컨은 40대가 되면 자기 얼굴에 책임을 져야 한다고 말했습니다. 40대 이전까지는 부모의 유전이 얼굴을 결정합니다. 그러나 그 이후의 얼굴은 자기가 만든 얼굴입니다. 신앙인의 얼굴도 마찬가지입니다. 우리는 하나님을 알면 알수록, 그분의 말씀을 읽으면 읽을수록, 그분께 기도하면 기도할수록 더욱 하나님을 닮은 사람이 되어야 합니다.

주기도문의 첫 부름의 말인 "아버지여!"는 단 한 단어이지만 이처럼 우리에게 기도의 시작과 목표가 무엇인지, 우리 최종적으로 이르기 위해 몸부림쳐야 할 인격의 목표가 어떠해야 하는지 잘 보여주고 있습니다.

아버지여, 당신은 우리 사랑의 아버지이십니다. 당신의 손은 크고 강하지만 우리를 향해서는 한없이 자비롭습니다. 많은 문제들과 고민들을 안고 왔지만 기도하는 내내 사랑하는 주님의 이름만 부르다 내려옵니다. 욕망, 성공, 인정, 구원, 건강, 위로, 능력 등 간구할 것은 많은데 이 모든 기도제목들을 나열하다 부질없는 것 같아 그만 두었습니다. 나보다 더 나를 더 잘 아시는 아버지, 내가 아파하는 것보다 더 아파하시는 아버지. 그분이 바로 당신이십니다. "아버지 힘들어요"라는 한 마디에 "안다. 내가 안다. 사랑하는 내 아들아 내 딸아!" 하며 다독이시는 우리 아버지! 나의 만족은 오직 당신에게만 있나이다. 그 이름 안에 나의 모든 복이 있습니다. 문젯거리들만 들고 나왔지만 당신은 당신 자신을 우리에게 내어 주십니다. 우리는 그 넉넉한 품에서 영원한 안식을 얻습니다.

묵상과 나눔

❶ 자기가 드리는 기도 내용과 시간들을 분석해 봅시다. 자기 문제를 놓고 간구하는 시간은 얼마나 되며, 그에 비교하여 하나님을 묵상하는 시간은 얼마나 되는지요? 기도의 대가들은 압도적으로 하나님에 대한 묵상 시간이 많았습니다. 이에 대해서 당신은 어떻게 생각하는지 나누어 봅시다.

....
....
....

❷ 우리는 흔히 '기도 응답 받았다'는 말을 자주 합니다. 당신은 어떤 경우에 이런 판단을 하는가요? 실제로 일이 이루어지는 응답을 받기 전에, 우리는 자기 기도에 대한 확신을 어떻게 얻을 수 있다고 생각합니까?

....
....
....
....

3

아직도 '나' 입니까?

우리

기도는 하나님과 함께 하는 일대일의 만남입니다. 우리 영혼의 지성소에서 하나님과 나누는 은밀한 대화입니다. 그러나 기도는 일대일의 만남으로 끝나지 않습니다. 우리는 기도를 통해서 '나'라는 경계를 허물고 '이웃'을 발견하게 됩니다. 나의 고통이 우리 모두의 고통이 되고, 나의 하나님이 우리 하나님이 됩니다. 우리 모두가 하나님 나라라는 동일한 목표를 향하여 함께 서 있음을 깨닫게 됩니다.

'나'에서 '우리'로

시편의 기도가 그렇습니다. 시편에는 '나'라는 단어가 많이 등장합니다. "여호와는 '나'의 목자시니 '내'가 부족함이 없으리로다"(시 23:1). 그런데 여기 등장하는 '나'는 개인성 속에 함몰된 '나'가 아닙니다. 이스라엘 전체를 의미하며, 이스라엘 백성 중 하나로서 서 있는 '나'입니다. 그래서 '여호와는 나의 목자시니'는 '여호와는 이스라엘의 목자시니'로 바꾸어 불러도 무방합니다. 시편은 한 개인의 노래가 아니라 이스라엘의 노래이기 때문입니다. 시편이 불리던 삶의 자리는 다름 아닌 성전 예배의 현장이었습니다. 내가 겪는 고통은 이스라엘 백성들이 겪는 고통이고, 나의 노래는 실상 모든 이스라엘 백성의 노래입니다. 시편에는 원수를 조롱하거나 원수를 저주하는 기도가 많습니다. 그런데 이 원수는 단지 개인의 원수만을 가리키는 것이 아닙니다. 민족적 원수인 이방 나라와 그 세력들을 의미할 경우가 더 많습니다.

그래서 시편은 가끔 '나'로부터 시작한 노래가 예고도 없이 '우리'로 주어가 바뀌기고 하고, '나의 하나님'이 '이스라엘의 하나님'으로, '내 문제'가 '이스라엘의 문제'로 바뀌기도 합니다. 대표적으로 시편 66편이 그러합니다. 1절-12절까지는 주어가 '우리' 입니다. "하나님이여 주께서 우리를 시험하시되 우리를 단련하시기를 은을 단련함같이 하셨으며"(10절). 그러다 갑자기 13절 이후부터 주어가 '나'로 바뀝니다. "내가 번제를 가지고 주의 집에 들어가서 나의 서원을 갚으리니"(13절). 이스라엘에서는 '나'라는 실존보다 앞선 것은 선택받은 하나님 백성의 삶입니다. 이처럼 나와 우리가 서로 교차될 수 있는 것은 나의 문제가 우리 문제고, 우리의 기쁨이 나의 기쁨이기 때문입니다.

주기도는 기도의 이런 본질을 잘 보여줍니다. 주기도에는 '나' 라는 단어가 없습니다. '우리' 라는 단어만 있을 뿐입니다. 우리말 주기도에는 모두 여섯 번의 '우리' 라는 단어가 사용되고 있습니다. '우리' 아버지여, 오늘날 '우리'에게 일용할 양식을 주옵시고, '우리'가 '우리' 죄를 사하여 준 것같이 '우리' 죄를 사하여 주옵시고, '우리'를 시험에 들게 하지 마옵시고. 그러나 헬라어 원어로는 '우리'라는 단어가 모두 아홉 번 등장합니다. 생략된 곳은 '일용할 (우리의) 양식', '죄를 (우리에게서) 사하여 주옵시고', '다만 악에서 (우리를) 구하옵소서' 입니다. 우리가 주님의 기도대로 기도하고 주님의 기도대로 살았다면 자기 안에는 나라는 존재 대신 우리라는 존재가 중요하게 자리 잡고 있어야 합니다. 그런데도 여전히 나만 알고 나만 살아 있다면 그것은 주기도의 정신에서 벗어난 기도라 할 것입니다.

하나님이 우리 아버지면 예수를 믿는 우리 모두는 한 형제요, 한 자매입니다. 옆에 있는 사람이 나의 가족처럼 느껴지기 시작해야 합니다. 주기도는 '나'에게가 아니라 '우리'에게 일용할 양식을 주옵소서라고 기도합니다. 그러면 내 식사의 문제가 해결되었다고 해서 문제가 끝난 것이 아닙니다. 그 공동체 내에 한 사람이라도 굶주리고 있다면 일용할 양식을 위한 간구는 계속될 수 밖에 없습니다. '우리 죄'를 사하여 주옵소서 할 때는 그 죄에는 내 죄뿐만 아니라 다른 사람의 죄까지도 포함됩니다. 타인의 죄 때문에 내가 아파하고, 내 죄가 사함 받는 것 때문에 옆에 있는 형제가 기뻐합니다. "'우리'를 시험에 들게 마옵시고"라고 기도하면서 우리는 시련 앞에 한 배를 타고 있는 운명공동체임을 깨닫게 됩니다. 그러니 주기도문대로 제대로 기도하면 '나'는 사라지고 '우리'라는 단어만 남게 되어 있습니다.

기도는 그래서 끊임없이 '우리'를 발견하는 행위입니다. 주님은 율법을 정리하면 두 가지로 압축된다고 말씀하셨습니다. "예수께서 가라사대 네 마음을 다하고 목숨을 다하고 뜻을 다하여 주 너의 하나님을 사랑하라 하셨으니 이것이 크고 첫째 되는 계명이요 둘째는 그와 같으니 네 이웃을 네 몸과 같이 사랑하라 하셨으니 이 두 계명이 온 율법과 선지자의 강령이니라"(마 22:37-40). 구약이 39권이나 되고 예수님 당시에 정리한 율법 조항이 613가지나 되었지만 이것을 압축하면 '하나님 사랑' 과 '이웃 사랑' 으로 요약됩니다. 이는 십자가 모양이 잘 상징합니다. 십자가는 수직선과 수평선이 만나 십자 형상을 이룹니다. 수직선은 하나님과 나의 일대일 관계입니다. 수평선은 나와 이웃의 관계로 '우리' 라는 공동체를 의미합니다. 이 두 관계가 결합될 때 온전한 십자가를 이룹니다.

실제 구약의 선지자들의 메시지가 그랬습니다. 이사야 선지자는 금식하고 있는 이스라엘 백성을 향하여 이렇게 외쳤습니다. "나의 기뻐하는 금식은 흉악의 결박을 풀어 주며 멍에의 줄을 끌러 주며 압제당하는 자를 자유케 하며 모든 멍에를 꺾는 것이 아니겠느냐"(사 58:6). 금식은 지극히 개인적인 경건과 관련된 것 같지만 그렇지 않습니다. 이웃과 관계가 온전하지 못하면 하나님께서 그 금식을 받지 않으신다고 말씀하십니다.

폴 투르니에는 "혼자서는 할 수 없는 것이 둘 있다. 하나는 결혼이고, 또 하나는 그리스도인이 되는 것이다"라고 말합니다. 교회는 공동체입니다. 기독교의 핵심 교리는 사랑입니다. 사랑은 혼자서는 할 수 없습니다. 끊임없이 상대방을 찾는 것이 사랑입니다. 교회가 공동체일 수밖에 없는 이유가 여기 있습니다.

천국도 마찬가지입니다. 천국은 온갖 물질로 풍요로운 나라만은 아닙니다. 천국에서 가장 소중한 것은 물질보다 사랑입니다. 하나님을 사랑하고 이웃을 가장 많이 사랑하는 자가 최고로 행복한 곳이 천국입니다. 사랑이 곧 상급입니다. 흔히 상급에 대해 말하면서 천국에서 누구는 면류관을 쓰고, 누구는 개털 모자를 쓰고, 누구는 호화 맨션에 살고, 누구는 판자집에 산다는 식으로 천국을 물질화하지 마십시오. 우리는 물질의 허망함을 잘 알고 있습니다. 물질보다 더 소중한 것은 예수님이며, 서로 사랑하는 것입니다. 천국은 사랑의 나라입니다. 사랑이 풍성한 자가 행복한 나라이며 사랑이 상급입니다. 주님께서는 마태복음 22장 30절에서 "부활 때에는 장가도 아니 가고 시집도 아니 가고 하늘에 있는 천사들과 같으니라"고 말씀하셨습니다. 이 말씀은 천국에 들어간 모든 사람들이 마치 한 가족처럼 사랑하며 살아가는 삶의 모습을 뜻하는 것이라 할 것입니다.

그러므로 우리가 이 땅에 살면서 서로 함께 사는 법을 배우지 못한다면 천국에 가서도 그 기쁨을 제대로 맛보지 못할 것입니다. 바리새인들이 "하나님의 나라가 어느 때에 임합니까?"(눅 17:20)라고 물었습니다. 그때 예수님께서 이렇게 말씀하셨습니다. "하나님의 나라는 볼 수 있게 임하는 것이 아니요 또 여기 있다 저기 있다고도 못하리니 하나님의 나라는 너희 안에 있느니라"(눅 17:20-21). 여기서 '너희 안'은 우리 마음속을 가리키는 것이 아닙니다. 영어로 'among you' 입니다. 우리가 예수 그리스도를 믿고 서로서로 사랑을 나누는 이 '우리'라는 공동체가 바로 천국입니다.

함께 모여야 하는 이유

주기도에서 '우리'를 강조하는 이유는 첫째, 우리를 중요하게 여기는 것이 우리 신앙생활에 유익하기 때문입니다. 어떤 분들은 기독교의 교리나 예수님 말씀은 좋은데 기독교인들이 싫어서 교회를 멀리 합니다. 그래서 혼자 기도하고 말씀 읽으며 나 홀로 신앙생활 하겠다는 분들이 가끔 있습니다. 이런 분들은 거의 대부분이 자신들의 공언과는 달리 조만간에 신앙을 버리게 될 것입니다. 십자가의 성 요한은 이렇게 말씀합니다. "홀로 떨어진 고고한 영혼은 홀로 타는 석탄과 같다. 그 불길은 이제 식는 일만 남았다. 더 이상 뜨거워지지 않을 것이다."

그렇습니다. 더 이상 뜨거워지지 않습니다. 아무리 시원찮아 보이고, 마음에 들지 않아 보인다 할지라도 석탄은 함께 있을 때 불을 내고 뜨거워집니다. 최소한 쉬이 꺼지지는 않습니다. 그러므로 성경은 이렇게 말씀합니다. "모이기를 폐하는 어떤 사람들의 습관과 같이 하지 말고 오직 권하여 그 날이 가까움을 볼수록 더욱 그리하자"(히 10:25). 인간은 서로 얼굴을 맞대어 보고, 또 한 솥 밥을 먹을 때 정이 듭니다. 신앙은 세상의 가치관과 악한 영들과 대항하여 싸우는 투쟁입니다. 서로 모여서 기도하며 찬양하며 격려할 때 지치지 않고 싸울 수 있습니다. 내가 힘들 때는 옆 사람이 기도로 도와줍니다. 내가 풍족하면 그것으로 다른 사람을 돕습니다. 서로 격려할 때 신앙의 불이

붙습니다.

어떤 때는 주일에 편히 쉬고 싶고, 좋은 데 놀러가고 싶은 유혹이 있습니다. 억지로 예배에 참여하였지만 모든 순서가 지루하고 또 설교가 감동이 없을 때도 있습니다. 그런데 지루할 것 같은 이런 만남이 우리의 신앙을 붙잡아 줍니다. 이것마저 놓는다면 우리 신앙은 금방 고갈되고 맙니다.

우리가 끊임없이 공동체를 이루어야 하는 두 번째 이유는 예수님이 '우리'라는 공동체 가운데 계시기 때문입니다. 특별히 우리 가운데 가장 작은 자의 모습으로 주님은 나타나십니다. 마태복음 25장 40절에서 주님은 이렇게 말씀하십니다. "내가 진실로 너희에게 이르노니 너희가 여기 내 형제 중에 지극히 작은 자 하나에게 한 것이 곧 내게 한 것이니라."

20세기 성인 마더 테레사는 인도 콜카타에서 가난한 사람들을 도왔습니다. 테레사 수녀는 가난한 사람들이나 나병환자들을 도울 때의 마음가짐에 대해 이렇게 말합니다. "가난한 사람들 한 사람 한 사람 안에서 예수님을 보십시오. 성체 안의 예수님을 만지듯 부드럽게, 헌신하는 마음으로 만지십시오. 그리고 온 마음을 다해, 당신의 모든 능력을 다해 예수님을 섬기십시오." 테레사와 함께 했던 수녀들은 작은 자들의 모습에서 예수님을 보았습니다. 그래서 그들에게는 봉사가 곧 예배였습니다. 그들은 손가락 다섯 개를 차례대로 하나씩 구부리는 손짓을 서로 피곤할 때마다 인사처럼 주고받았다고 합니다. 그것은 "You/did/it/to/me"라는 다섯 개의 단어로, 마태복음 25장 40절의 "(지극히 작은 자들에게 한 것은) 곧 내게 한 것이니라"는 의미였다고 합니다.

하나님은 이제 우리 주변에 작은 자의 모습으로 나타나십니다. 만약 이 '우리'라는 공동체의 소중함을 놓친다면 그것은 주님을 놓치는 것과 같습니다. 끊임없이 '우리'를 찾는 것은 그 안에 계신 주님을 찾는 것과 같습니다. 영원히 살아계신 하나님께서는 오늘날에도 우리를 향하여 말씀하십니다. 그런데 그 말씀은 이제 시내산에서 하셨던 것처럼 지진과 폭풍 가운데 말씀하시는 그런 두렵고 떨리는 음성이 아닙니다. 다른 형제의 입을 통해 말씀하시는 세미한 소리의 말씀입니다(왕상 19:12). 끊임없이 형제를 향하여, 세상을 향하여 열린 마음을 갖지 못한다면 우리는 하나님의 소리를 듣지 못하는 귀머거리요 소경이 될 것입니다.

우리를 이루는 법

우리가 이런 공동체를 이루기 어려운 이유가 있습니다. 자기 육신의 생각이나 욕심이 너무 강하기 때문입니다. 교회를 자기 판단기준에 맞추려고 합니다. 어떤 이상적 공동체를 상정하고 도덕적으로는 이러해야 하며, 사랑과 봉사는 어느 정도가 되어야 하며, 여기에 지적으로나 문화양식 수준은 최소한 이 정도는 되어야 한다고 판단합니다. 그러다 그 기준에 맞지 않으면 화를 내거나 다른 이상적인 모임을 찾아 떠나고 맙니다. 어떤 사람들은 교회에서 능력이나 축복을 원하며, 사업상의 필요를 채워주거나 자기 양식에 맞추어주기를 원합니다. 이런 사람들은 성도간의 온전한 사귐을 원하는 사람이라기보다는 오히려 자기 꿈이나 욕심을 더 사랑하는 사람들입니다. 그들은 곧 실망하게 될 것입니다. 처음에는 사람과 교회를 비난하다, 좀 더 나아가서는 하나님을 비난하고, 마침내는 절망 상태에서 자신마저도 비난하는 사람이 됩니다.

교회는 이미 거룩하고, 교회는 이미 이상적입니다. 우리 주님께서 십자가의 피로 우리를 거룩하게 하시고 한 몸으로 부르셨기 때문입니다. 이미 우리는 그리스도 안에서 하나입니다. 우리는 다른 성도들을 대할 때 무언가를 요구하는 자로 가서는 안 됩니다. 우리는 단지 주님의 은혜를 생각하며 감사함으로 나아가는 자들입니다. 있는 모습 그대로 받아주어야 합니다. 주님께서 이미 그들 한 사람 한 사람을 있는 모습 그대로 받아주셨기 때문입니다.

그래서 '우리' 라는 공동체를 이루기 위해서는 그 사이사이에 그리스도가 계셔야 합니다. 인간과 인간이 직접 부딪치면 소리가 납니다. 그리스도가 계셔야 한다는 것은 모든 것을 그리스도의 눈으로 본다는 뜻입니다. 상대방에 대한 판단의 마음이 들 때 우리는 이렇게 생각해야 합니다. 주께서 의롭다 하신 이를 우리가 어떻게 판단할 수 있겠는가! 상대방에 대한 원망의 마음이 들 때 또한 우리는 이렇게 생각해야 합니다. 그리스도께서 사랑하사 그를 위해 자기 몸을 버리셨는데 우리가 어떻게 그 사람을 실족케 할 수 있겠는가! 한 사람은 너무나 소중하고 존귀한 존재입니다. 그리스도께서 자기 목숨을 내어놓고 피 값으로 산 존재들이기 때문입니다. 이처럼 그리스도의 눈으로 본다면 아무도 원망하거나 비난할 사람이 없습니다.

교회의 위대함과 영광은 그것이 도덕적으로 뛰어나거나 훌륭해서가 아닙니다. 노예건 주인이건, 배운 사람이건 못 배운 사람이건, 추한 사람이건 정결한 사람이건, 죄인이건 의인이건 모두가 한 마음으로 예배를 드린다는 사실에 있습니다. 이것이 기적입니다. 마음이나 문화양식이 같지 않은 사람들이 함께 모인다는 것이 얼마나 힘들고 피곤한 일입니까? 그렇지만 함께 모였습니다. 어떻게 이런 일이 가능합니까? 바로 그리스도 때문입니다. 하나 될 수 없는 사람들이 함께 예배드리고 있다면 그것은 우리 인간들의 한계를 뛰어넘어 그리스도께서 승리하셨다는 증거입니다.

그런 점에서 교회가 지나치게 동질화 되어서는 안됩니다. 지적 수준이나, 재력이나 능력을 따라 끼리끼리 모이는 모임은 위험합니다. 곧 인간적인 모임으로 전락하기 쉽습니다. 그리스도 때문에 모이는 것이 아니라 상대방이 가진 무엇과 자기 기대 수준을 따라 모이기 때문입니다. 그런 공동체는 다른 사람을 배타적으로 대하고, 다른 형제가 끼어들 여지를 차단시킵니다. 그러므로 우리 눈앞에 가난한 자가 서 있다는 것은 복입니다. 우리와 전혀 이질적인 사람이 우리와 함께 하고 있다는 사실을 인하여 주님을 찬양하십시오. 우리 필요나 이상 때문이 아니라 다만 그리스도가 주님이시라는 한 가지 사실로 이 모임이 이루어졌다는 증거이기 때문입니다.

교회는 용광로입니다. 가난한 자와 부자가 서로 소외됨 없이 예배를 드립니다. 강남 문화와 비강남 문화가 이질감 없이 함께 공존합니다. 진보적 이념과 보수적 이념을 가진 사람들이 서로 배타하지 않으며 함께 모입니다. 남성도 여성도, 어린이도 늙은이도, 한국인이든 제 3세계 사람이든 모두 함께 합니다. 다 그리스도 까닭에 부르심을 받았기 때문입니다.

우리는 한 가족

그래서 교회란 마치 가족과 같다 할 것입니다. 마음에 들지 않는다고 해서 스스로 가족이 되는 것을 포기하거나 다른 식구를 제명시킬 수 없습니다. 서로 의견이 다르다고 해서 갈라설 수도 없습니다. 더더군다나 능력이 없다고 가족에서 쫓아낼 수도 없습니다. 교회가 그렇습니다. 희한한 것은 오히려 이렇게 약하고 능력 없는 사람들이 가족의 관심과 사랑의 중심이 된다는 사실입니다. 열아홉 명의 자녀를 낳아 열다섯을 훌륭하게 길렀던 요한 웨슬리의 어머니 수산나가 있습니다. 수산나가 이 많은 자녀들 중 누구를 더 사랑하느냐는 질문을 받은 적이 있었습니다. 그때 수산나는 이렇게 대답했다고 합니다. "내 자식들 중 누구를 더 사랑하느냐고요? 아픈 자식이 나을 때까지는 그 자식을, 집 나간 자식이 돌아올 때까지는 또 그 자식을 나는 더 사랑합니다."

이것이 가족입니다. 우리가 주님이 가르쳐주신 기도로 기도하면서 "우리 아버지여!"라고 부를 때 우리 모두는 한 가족임을 고백하는 것입니다. 그래서 초대교회에서는 서로에 대한 호칭을 '형제', '자매'라 불렀습니다. 종도 형제요, 주인도 형제였습니다. 사도 바울은 빌레몬서에서 빌레몬에게 편지하면서 빌레몬의 종이었던 오네시모를 형제로 받으라고 명령합니다. "이후로는 종과 같이 아니하고 종에서 뛰어나 곧 사랑받는 형제로 둘 자라 내게 특별히 그러하거든 하물며 육신과 주 안에서 상관된 네게랴"(몬 1:16). 주님의 기도를 실천했던 초대교회 공동체는 마치 한 가족처럼 매일 모이기를 힘쓰며 떡을 떼며 식사를 같이 하였습니다. 서로 모든 물건을 통용하고 재산과 소유를 팔아 각 사람의 필요를 따라 나누어 주었습니다. 가족이 그렇지 않습니까? 가족처럼 완벽한 공산사회도 없습니다. 능력에 따라 일하고 필요에 따라 사용하는 곳이 가정입니다. 그래서 아버지는 일하고 자녀들은 쓰기만 해도 불만이 없습니다. 초대교회에서는 이처럼 능력 있는 사람은 많이 내어놓았으며 가난한 사람은 그것을 누리는 것을 부끄러워하지 않았습니다.

선교라는 것은 이 '우리'를 점점 확장시키는 것입니다. 이렇게 그리스도의 은혜를 받은 무리의 수를 점점 더 늘려가는 것입니다. 이 '우리'라는 것은 단지 자신이 속한 지역 교회만을 말하는 것이 아닙니다. 이 '우리'는 한국 교회를 넘어 전 세계까지 확장됩니다. 믿는 자의 무리는 흑인이건 백인이건 황색인이건 가리지 않고 모두가 한 형제자매입니다. 예수 그리스도를 믿는 순간부터 우리는 피가 바뀌었습니다. 예수의 피가 바로 우리의 피가 되었습니다. "영접하는 자 곧 그 이름을 믿는 자들에게는 하나님의 자녀가 되는 권세를 주셨으니 이는 혈통으로나 육정으로나 사람의 뜻으로 나지 아니하고 오직 하나님께로서 난 자들이니라"(요 1:12-13).

기독교에는 국경이 없습니다. 민족의 경계를 넘어 전 세계를 한 가족으로 품습니다. 우리가 민족을 사랑하고 애국하는 이유는 이웃 사랑의 실천일 뿐입니다. 사랑해야 될 최소 단위로서 가정을 사랑하고 민족을 사랑하는 것이지 신앙인들은 가족 이기주의나 민족주의에 갇힌 배타적인 공동체가 될 수 없습니다. 끊임없이 세계를 향해 나아가 전 세계 인류가 한 형제로 고백되는 날, 바로 그 날이 하나님 나라가 이 땅에 실현되는 날이 될 것입니다. 주기도는 이처럼 날마다 '나'라는 경계를 허물고 '우리'가 확장되도록 내 안에서 충동하는 힘이 있습니다.

사랑하는 우리 아버지여, 우리에게 귀한 믿음의 가족들을 허락하시니 감사합니다. 자기 밖에 모르던 사람들이 그리스도를 통해 형제와 이웃을 발견하게 되었습니다. 주님은 우리를 그리스도의 몸으로 부르셨고, 천국은 함께 가는 나라입니다. 이제는 형제의 슬픔이 나의 슬픔이 되게 하시고, 형제의 기쁨이 나의 기쁨이 되게 하옵소서. 그의 배고픔 때문에 내가 안타까워하게 하시고, 나의 눈물 때문에 나보다 더 가슴 아파하는 형제들이 있음을 인하여 위로받게 하옵소서. 고통은 나누면 절반이 되고, 기쁨은 나누면 두 배가 됩니다. 나만 생각하고 자기 유익에 빠른 우리의 이기적인 욕구들은 죽게 하시고 형제가 연합하여 동거하는 하나됨의 신비를 알게 하옵소서. 이제 우리는 그리스도 안에서 서로 강하게 연결되어 있습니다.

묵상과 나눔

❶ 현대 사회는 개인성을 강조합니다. 나만 잘 믿고 나만 신앙생활 잘 하면 된다는 생각이 교회에도 팽배해 있습니다. 기도도 하나님과 나만의 은밀한 대화처럼 보입니다. 그러나 주기도는 철저히 공동체를 위한 기도입니다. 당신의 기도 중에서 형제와 이웃을 위한 중보기도 시간은 얼마나 되는지 나누어 보세요. 또 당신이 드리는 개인적인 기도 제목들에는 얼마나 공동체를 배려하는 마음이 배어나는지 나누어 봅시다.

❷ 교회 안에는 정치, 경제, 이념, 계층, 문화, 민족, 성, 연령에 따라서 다양한 사람들이 모여 있습니다. 우리 교회는 이처럼 다양한 사람들이 모여 소외됨 없이 하나됨을 이루고 있는지 나누어 봅시다. 또 온전히 하나된 공동체를 이루기 위하여 우리가 취해야 하는 자세는 무엇인지 나누어 봅시다.

4

기도의 영광

하늘에 계신

우리는 하나님에 대해 얼마나 알고 있을까요? 너무 가까이 있고 너무 친숙한 것은 오히려 더 잘 보이지 않는 법입니다. 혹시 우리가 믿는 하나님이 그런 존재처럼 되어 버리지는 않았습니까? 기도는 기도하는 대상이 누구인지 분명히 아는 데서부터 시작합니다. 우리가 기도하는 분은 '우리 아버지'이면서, 동시에 '하늘에 계신' 분입니다. 이는 우리 기도의 대상이신 하나님 아버지의 양면성을 보여줍니다. 하나님은 우리 아버지처럼 자상하고 우리가 간구하기도 전에 미리 아시는 친밀한 분입니다. 그러나 동시에 하나님은 우리가 감히 범접할 수 없는 높은 하늘에 계신 지극히 크고 거룩하신 분입니다.

하늘의 하나님

기도의 생명은 이 친밀성과 긴장감의 양 끈을 놓지 않는 것입니다. 하나님은 친밀하신 분이기에 우리는 하나님 보좌의 지성소 앞에까지 담대히 나아가 기도할 수 있습니다. 그렇지만 그분은 동시에 거룩하신 분이기에 우리는 그 말씀의 엄위하심 앞에 두려움으로 서야 합니다. 하나님의 친밀성만 지나치게 강조되면 우리 신앙생활이 방만해지기 쉽습니다. 현재 우리 기독교의 모습이 이 방향으로 많이 치우쳤습니다. 반대로 하나님의 초월성, 거룩성만 강조되면 지나치게 율법적이거나 하나님은 두렵기만 한 하나님이 되어 버립니다. 유대교의 하나님이 그렇습니다.

'하늘에 계신 분'이라는 표현은 하나님의 거룩성과 초월성을 드러내는 말입니다. 구약성서에는 하나님이 '여호와', '만군의 여호와', '전능하신 하나님', '이스라엘의 하나님' 등으로 불렸습니다. 그러나 바벨론 포로기 이후에는 '하늘의 하나님'이라는 호칭이 많아지기 시작합니다. 포로기 이후의 역사서인 에스라서와 느헤미야서가 그 대표적인 예입니다. 이 두 성경은 '하늘의 하나님'이라는 이름을 무려 12회나 사용하고 있습니다. 바벨론 포로기를 거치면서 유대인들의 하나님에 대한 인식은 좁은 팔레스틴 땅을 넘어 전 세계적인 시야로 확대되었습니다. 이 과정에서 나온 호칭이 바로 이 '하늘의 하나님'입니다. 이스라엘을 사랑하시고 언약을 맺으신 하나님은 좁은 이스라엘 땅에만 갇혀 있는 분이 아니라 전 세계와 우주를 다스리는 '하늘의 하나님'이라는 고백입니다.

이렇게 하늘의 하나님이라 부르게 된 이유는 하늘은 높고 범접할 수 없는 곳이라 생각했기 때문입니다. 이 호칭은 여호와 하나님의 이름을 직접 부르는 것을 망령되다고 생각했던 이스라엘 백성들에게는 매우 적합한 명칭이었습니다. 예수님 시대에 와서는 하나님의 이름을 직접 부르기 보다는 '하늘에 계신 분'이라고 에둘러서 표현하였습니다. 사실 우리도 그렇습니다. 높은 분을 부를 때는 직접 그 이름을 부르지 않습니다. 옛날 우리가 북당(北堂)이라고 말할 때 문자 그대로는 북쪽에 있는 집을 의미하지만 이는 부모님이나 임금을 상징하는 표현입니다. 이처럼 하늘에 계신 분이라는 표현 또한 극존칭의 의미를 담고 있습니다.

예수님께서 선포하셨던 나라를 우리는 '하나님 나라'라고 부르기도 하고, 천국 곧 '하늘나라'라고 부르기도 하는데 사실 모두 같은 의미입니다. 하늘나라는 '하늘에 있는 나라'가 아닙니다. 하나님 나라가 하나님이 다스리는 나라를 의미하듯이 '하늘에 계신 분이 다스리는 나라'가 곧 하늘나라입니다. 그래서 하늘나라는 저 높은 하늘에만 있는 것이 아닙니다. 하늘에 계신 분의 통치가 이루어지는 곳이면 그 어디나 하늘나라입니다. 이 하늘나라라는 표현은 네 복음서 중 유독 마태복음만 사용하고 있는데 이는 마태복음이 유대인들을 대상으로 기록되었기 때문입니다. 마태복음 곳곳에서 예수님은 하나님을 '하늘에 계신 분'으로 바꾸어 부르고 있습니다.

거룩하신 하나님

우리 기도를 받으시는 분은 저 높은 하늘에 계신 분입니다. 그러므로 기도할 때 긴장해야 합니다. 자기 마음 내키는 대로 기도하고, 기도 응답이 속히 안 된다고 불평하고 원망할 만큼 하나님은 만만한 분이 아닙니다. 하늘에 계신 하나님은 지극히 거룩하신 분입니다. 이스라엘 백성이 처음 하나님을 만났던 곳은 출애굽한 후 시내산에서 였습니다. 하나님께서 현현하실 때의 모습을 출애굽기는 이렇게 전하고 있습니다. "제 삼 일 아침에 우뢰와 번개와 빽빽한 구름이 산 위에 있고 나팔 소리가 심히 크니 진중 모든 백성이 다 떨더라 … 시내산에 연기가 자욱하니 여호와께서 불 가운데서 거기 강림하심이라 그 연기가 옹기점 연기같이 떠오르고 온 산이 크게 진동하며"(출 19:16, 18). 하나님은 천둥과 번개, 빽빽한 구름과 연기, 지진과 불 가운데 임재하셨습니다. 한여름 밤 천둥벼락이 코앞에 내리칠 때 두려워하지 않을 자가 누가 있겠습니까? 우리 기도를 받고 계신 하나님은 이스라엘 모든 백성들이 시내산 앞에서 두려워 벌벌 떨던 바로 그 하나님입니다.

모세는 하나님과 동행했던 사람이지만 하나님의 얼굴조차 제대로 볼 수 없었습니다. 죄로 오염된 인간이 지극히 거룩하신 하나님을 두 눈으로 본다는 것은 곧 죽음을 의미했기 때문입니다. 출애굽기 33장과 34장에는 모세가 하나님을 만나는 장면이 나옵니다. 모세는 이때 하나님께 주의 영광을 보여 달라고 간구했습니다. 그러자 하나님은 모세에게 이렇게 말씀합니다. "네가 내 얼굴을 보지 못하리니 나를 보고 살 자가 없음이니라"(출 33:20). 이 말씀을 하신 후 하나님은 모세를 반석 사이에 세우고 그 손으로 모세를 가립니다. 모세 앞을 지나가신 하나님이 그 손을 거두는 순간 모세는 하나님을 볼 수 있었습니다. 그러나 그 얼굴이 아니라 그 뒷모습만 볼 수 있었습니다. 하나님의 등만 보고 하나님의 말씀만 들었던 모세였지만 그가 시내산에서 내려오자 이번에는 이스라엘 백성들이 모세의 얼굴 보기를 두려워합니다. 모세의 얼굴에서 영광의 광채가 났기 때문입니다. 그래서 모세는 이스라엘 백성들과 말할 때는 수건을 쓰고 말하고 성막에 들어갈 때는 벗었다고 성경은 전하고 있습니다. 이것이 바로 하나님의 영광입니다. 오늘날 기도하는 우리들은 이런 하나님의 영광 앞에 서는 두려움을 조금이라도 가지고 있습니까?

옛날 제사장들이 입었던 옷을 에봇이라고 합니다. 에봇 아랫단에는 금방울이 달려 있습니다. 그래서 걸을 때마다 소리가 납니다. 금방울을 왜 다는지 아십니까? 성소에 들어갈 때 그 소리가 나야 삽니다. 소리가 나지 않으면 죽은 것입니다. 성경은 이렇게 말씀합니다. "아론이 입고 여호와를 섬기러 성소에 들어갈 때와 성소에서 나갈 때에 그 소리가 들릴 것이라 그리하면 그가 죽지 아니하리라"(출 28:35). 그 정도로 성소에 들어가는 일은 두려운 일이었습니다. 이사야서 6장에 보면 이사야가 하나님을 만나는 장면이 나옵니다. 거룩하신 하나님을 만난 이사야의 첫마디는 이러했습니다. "화로다 나여 망하게 되었도다. 나는 입술이 부정한 사람이요 입술이 부정한 백성 중에 거하면서 만군의 여호와이신 왕을 뵈었음이로다"(사 6:5). 거룩하신 하나님 앞에 서자 자기의 더러움이 드러나 견딜 수가 없었던 것입니다. 그러자 스랍이 나타나 화저로 단에서 숯불을 취해 이사야의 입술을 지져 정결케 합니다.

기도는 우리 영혼의 지성소로 나아가는 일입니다. 우리는 때를 따라 돕는 은혜를 얻기 위해서 은혜의 보좌 앞으로 나아갑니다(히 4:16). 그런데 이 은혜의 보좌가 무엇을 말하는지 아십니까? 은혜의 보좌는 지성소 안에 있는 언약궤 위쪽 부분의 속죄소를 말합니다. 우리 앞에 예수 그리스도라는 영원한 대제사장이 계시기에 우리는 이 보좌 앞으로 담대히 나아갈 수 있습니다. 그러나 그리스도께서 우리에게 베푸신 은혜의 소중함을 깨닫기 위해서는 먼저 이스라엘 백성들이 지성소 앞에서 느꼈던 두려움 앞에 우리는 직면해야 합니다. 십자가의 고난을 통과한 자만이 부활의 기쁨을 누릴 수 있듯이 말입니다.

현대 기독교가 예수 그리스도의 은혜를 값싼 은혜로 전락시키고 있다고 본 훼퍼가 비판하였는데 이는 매우 정확한 지적이라 할 것입니다. 대학에 갓 들어간 신입생이 철학책 한 권 읽고 '인생은 알 수 없어'라고 말하는 것과 괴테의 소설 『파우스트』에 등장하는 주인공 파우스트가 인생의 산전수전을 다 겪은 후에 '인생은 알·수 없어'라고 말하는 것의 무게감이 같겠습니까? 하늘에 계신 분의 거룩하심에 대해 충분히 두려움을 느껴 본 사람만이 그리스도의 은혜를 진정으로 소유할 수 있습니다. 종교개혁을 이끌었던 루터는 들판을 걷다가 자기 곁에 떨어진 벼락에 놀라 벌벌 떨며 수사가 되기로 결심했습니다. 루터가 처음 만났던 하나님은 벼락으로 때리는 두려운 하나님이었던 것입니다. 그러나 이만큼 하나님을 두려워했기에 그가 '오직 의인은 믿음으로 말미암아 산다'는 믿음의 원리를 깨달았을 때의 그 기쁨과 평화는 이루 말할 수 없었던 것입니다.

하나님은 하늘에 계시고 너희는 땅에 있다

하늘에 계신 분은 또한 전능하시고 크신 분입니다. 하나님은 이 큰 우주를 만드신, 우주보다 더 크신 분입니다. 하나님이 처음 우주를 만드신 이래로 우주는 변함없이 자기 길을 가고 있습니다. 해는 지구가 형성된 이래로 정확히 동쪽에서 떠서 서쪽으로 집니다. 우주의 질서는 놀랍고 그 법칙은 오묘합니다. 전능하신 하나님의 솜씨입니다. 뉴턴은 만유인력과 운동 법칙 등 많은 과학적 발견을 한 사람이지만 그는 자신을 "아직 탐구되지 않은 거대한 진리의 바닷가에서 조개를 줍는 아이"에 불과하다고 고백했습니다.

이 큰 우주에 비하면 지구상에 거하고 있는 인간은 정말 먼지보다 더 미미한 존재입니다. 참으로 인간의 지식은 짧고 인간의 수명은 하루살이에 불과합니다. 그런데 마치 모든 지식을 가진 자처럼, 마치 영원히 살 것처럼 착각하며 사는 것이 바로 인간이라는 존재입니다. 하나님에 대한 지식도 그렇습니다. 자기 짧은 지식으로, 하루에도 수없이 바뀌는 자신의 느낌에 의지하여 하나님이 있다 없다 함부로 말을 합니다. 조그만 진리를 붙잡고는 마치 그것으로 하나님에 대해서 모든 것을 알게 된 것처럼 착각을 합니다. 아닙니다. 우리가 하나님에 대해 알면 알수록 우리의 고백은 '하나님 당신을 모르겠습니다'라는 고백이 되어야 합니다. 마치 먼발치에서 산을 바라볼 때는 손에 잡힐 것처럼 작아 보이지만 가까이 갈수록 산의 위용에 압도되듯이 말입니다. 산 속에 있는 자는 산을 볼 수 없다고 말하지만 그는 그 누구보다도 산 가까이에 있으며 산으로 부터 얻는 모든 은혜를 누리고 있습니다.

구약 욥기는 인간의 알량한 지식으로 하나님을 알 수 있다고 하는 자들의 무지를 폭로하는 책입니다. 욥은 동방의 의인이라 할 정도로 율법에 흠이 없는 사람이었습니다. 그런 그에게 어느 날 갑자기 닥친 재앙은 그의 전 소유물을 빼앗아 가고 맙니다. 엎친 데 덮친 격으로 그의 자녀들도 전부 목숨을 잃고 맙니다. 그 자신 또한 온몸에 악창이 나서 재 가운데 앉아 기왓장으로 가려운 곳을 긁고 있는 비참한 인생이 되었습니다. 욥과 그 친구들의 대화는 여기서부터 시작되는데 그 대화의 주제는 고난에 관한 것이었습니다. 욥의 세 친구들의 주장은 단순합니다. 의로운 자는 복을 받고, 죄인은 고난을 받는다는 것입니다. 역으로 고난을 받고 있으면 무언가 숨겨놓은 죄가 있기 때문인데 욥에게 그 죄를 회개하라는 것입니다.

이에 대해서 욥은 자기는 죄를 지은 적이 없다, 이 고난은 가혹하다, 만약 하나님이 인간의 죄를 낱낱이 센다면 그 앞에 설 사람이 누가 있겠는가? 결국 그렇게 자신의 의로움을 주장하다보니 하나님이 불의하다는 결론에까지 이릅니다. '하나님 도와달라는 말은 않겠어요. 다만 방해만 말아주세요'라고 외치는 어느 TV 드라마의 대사처럼 욥은 하나님을 향해 제발 내 인생에 개입하지 말고 가만 놔두라고, 나는 죽는 것이 더 낫다고까지 말합니다.

이 대화의 마지막 즈음에 하나님이 등장합니다. 하나님이 친히 나타나셨으니 의인이 받는 고난의 이유에 대해 정확한 대답을 줄 것도 같은데 하나님의 답은 전혀 엉뚱하기만 합니다. 하나님은 오히려 욥에게 세상의 기초를 놓을 때 네가 어디 있었느냐고 물어 봅니다. 바다 속은 어떻게 생겼으며, 비를 내리게 할 수 있는지, 네가 악어를 이길 수 있는지, 악어의 힘이 어디로부터 나오는지 연달아 물어봅니다. 이에 대해서 욥은 계속해서 '모릅니다', '모릅니다' 라고 대답할 수밖에 없었습니다. 정말 욥은 아는 것이 아무 것도 없었고, 할 수 있는 것이 하나도 없었습니다. 하나님은 이런 계속된 질문을 통해 욥에게 깨달음을 주고자 하였습니다. 그것은 다름 아닌 인간의 유한한 지식입니다. 인간은 하나님의 섭리를 다 이해할 수 없습니다. 고난도 마찬가지입니다. 죄를 지으면 벌을 받는다는 단순한 인과응보식 논리로만으로는 해석할 수 없는 신비가 고난에 담겨 있습니다.

욥기의 결론은 42장 1절-6절에 잘 나타나 있습니다. "욥이 여호와께 대답하여 가로되 주께서는 무소불능하시오며 무슨 경영이든지 못 이루실 것이 없는 줄 아오니 무지한 말로 이치를 가리우는 자가 누구니이까 내가 스스로 깨달을 수 없는 일을 말하였고 스스로 알 수 없고 헤아리기 어려운 일을 말하였나이다 내가 말하겠사오니 주여 들으시고 내가 주께 묻겠사오니 주여 내게 알게 하옵소서 내가 주께 대하여 귀로 듣기만 하였삽더니 이제는 눈으로 주를 뵈옵나이다 그러므로 내가 스스로 한하고 티끌과 재 가운데서 회개하나이다."

욥은 두 가지를 인정합니다. 첫째, 하나님은 무슨 계획이든지 못 이루실 것이 없는 전능하신 분임을 고백합니다. 둘째, 스스로 깨달을 수 없는 일을 말하고, 스스로 헤아리기 어려운 일을 마치 아는 것처럼 착각하는 인간의 무지에 대해 인정합니다. 인간이 모든 것을 다 알 수는 없습니다. 이 사실을 인정하는 것이 중요합니다. 인간은 자신의 한계를 알아야 자유함을 얻습니다. 욥은 의인이 고난 받는 이유에 대해 논리적인 해답은 얻지 못하였습니다. 그렇지만 인간의 유한성을 인정하고, 또 고난을 비롯한 모든 일을 계획하고 이끌어 가시는 하나님에 대한 신뢰 안에서 자유함을 얻습니다.

종교개혁자 루터는 이런 하나님의 두 가지 상반된 모습에 대해서 계시된 하나님(Deus revelatus)과 감추어진 하나님(Deus absconditus)으로 표현하기도 했습니다. 계시된 하나님은 성경이나 자연 계시를 통하여 드러난 하나님을 말합니다. 그러나 이 계시된 하나님이 하나님의 전부는 아닙니다. 빙산을 보면 물 위에 노출된 것보다 그 아래 감추어져 있는 부분이 더 많듯이 하나님 또한 우리 이성으로 파악할 수 없는 부분이 더 많습니다. 이것이 바로 감추어진 하나님입니다. 사실 우리 이성으로 다 파악될 수 있는 하나님이라면 그것은 내 생각 안에 갇힌 하나님이지 크신 하나님은 아닙니다. 우리는 하나님에 대해 성경을 통해서 계시된 만큼만 알 수 있을 뿐입니다. 예루살렘 성전을 짓고 낙성식을 거행하면서 솔로몬은 다음과 같이 고백했던 적이 있습니다. "하나님이 참으로 땅에 거하시리이까 하늘과 하늘들의 하늘이라도 주를 용납하지 못하겠거든 하물며 내가 건축한 이 성전이오리이까"(왕상 8:27).

어떤 사람들은 하나님을 교리에 가두려고 합니다. 그러나 하나님은 교리보다 더 크신 분입니다. 교리 안에 있으면 안전하지만 교리가 하나님은 아닙니다. 교리는 하나님을 가리키는 손가락에 불과합니다. 욥의 세 친구들은 인과응보론이라는 교리로 하나님을 보호하려 하였지만 "너희가 나를 가리켜 말한 것이 내 종 욥의 말 같이 옳지 못함이니라"(욥 42:7)는 하나님의 책망을 받았습니다.

하늘에 계신 전능하시고 크신 하나님 앞에서 우리가 고백할 것은 바로 이 인간의 유한성입니다. 그런데 인간들은 도무지 자기 지식의 짧음을 인정하려 하지 않습니다. 이런 인간들을 향하여 전도서의 전도자는 벼락같은 소리로 책망합니다. "너는 하나님 앞에서 함부로 입을 열지 말며 급한 마음으로 말을 내지 말라 하나님은 하늘에 계시고 너는 땅에 있음이니라 그런즉 마땅히 말을 적게 할 것이라"(전 5:2).

인류 역사에서 가장 낙관적인 시대는 아마 19세기였을 것입니다. 이때는 인간 이성과 과학이 하나님이 된 시대였고, 그에 기초해서 유토피아를 꿈꾸던 시대였습니다. 인간이 끝없이 진화할 것이라는 다윈의 진화론이 나왔고, 모두가 평등하고 풍요로운 이상세계를 꿈꾸던 마르크스의 공산주의 사상이 태동되었던 것도 바로 이때였습니다. 신학에서는 이성으로 성경을 재단하는 자유주의가 풍미했습니다. 인간 이성 앞에서 성경의 권위는 해체되었고 하나님은 신화의 세계로 쫓겨나고 말았습니다. 이 시대는 신본주의를 폐기하고 인본주의가 극성을 부리던 시기였습니다. 그러나 이런 낙관론은 20세기에 들어와 민족주의와 제국주의가 횡행하고 급기야는 제1, 2차 세계대전으로 말미암아 산산조각 나고 말았습니다. 인간 이성이 만든 결과물이란 것은 수천만 명의 목숨을 앗아 간 전쟁이었고, 6백만 명의 유태인을 가스실에서 사라지게 만든 반인륜적인 폭력이었습니다.

이에 대한 반발로 신학 쪽에서 등장한 것이 바로 신정통주의입니다. 신정통주의는 다시 정통주의를 부활시키자는 운동입니다. 칼 바르트를 중심으로 일어난 이 운동의 결정적 계기가 되었던 것은 그의 『로마서 주석』이었습니다. 칼 바르트의 『로마서 주석』은 자유주의자들이 놀고 있던 놀이터에 떨어진 폭탄에 비유될 정도로 강력한 것이었습니다. 당시 이성을 신봉했던 자유주의자들은 민족주의와 결탁하여 제1차 세계대전을 지지했습니다. 이때 칼 바르트는 전도서의 이 말씀, 곧 "하나님은 하늘에, 인간은 땅에 있으니 잠잠할지어다"라는 말씀을 가지고 자유주의자들과 싸웠습니다. 인간의 이성은 하나님의 진리 아래서만 제 기능을 발휘할 수 있습니다. 통제되지 않는 이성은 방종이나 인간 욕심의 합리화로 흘러가고 맙니다.

하나님 아닌 것이 우리 중심에 자리 잡을 때는 반드시 썩게 되어 있습니다. 영원한 것은 하나님 한 분 뿐입니다. 하나님 외에 절대는 없습니다. 하나님은 마치 공중에 뜨인 돌과 같습니다. 우상처럼 서 있는 인간들의 이념과 어리석은 생각들을 철저히 깨뜨리십니다. 시편은 인간들의 어리석음에 대해서 다음과 같이 비웃고 있습니다. "하늘에 계신 자가 웃으심이여 주께서 저희를 비웃으시리로다"(시 2:4). 기독교인은 영원한 나그네일 수밖에 없습니다. 이 땅의 것에 소망을 두지 않기 때문입니다. 땅에 있는 것은 그 어떤 것이든, 그것이 물질이든, 체제이든, 사상이든 절대적인 것이 될 수 없습니다. 절대자이신 하나님 앞에 모든 것들은 상대화되고 영원히 개혁되어야 할 대상일 뿐입니다.

기도는 순종

우리가 기도하는 대상은 이처럼 하늘에 계신 전능하시고 크신 하나님입니다. 그러므로 그분 앞에 나아가는 자는 그에게 항변하는 자로서가 아니라 그분의 말씀을 듣는 자로 나가야 합니다. 하늘에 계신 분의 그 어떤 명령이라도 기꺼이 순종할 각오가 되어 있어야 합니다. 기도는 말하는 것이 아니라 듣는 것이며 순종하는 것입니다. 내 생각과 맞지 않더라도 가라 하시면 즉각 순종하는 것이 올바른 태도입니다. "하나님, 무엇 원하십니까? 제가 순종하겠습니다." 이것이 하늘에 계신 지엄하신 분 앞에 나아가 기도하는 자가 마땅히 취해야 할 태도입니다.

앤드류 머레이는 "우리가 예수님을 믿는 그날부터 순종의 학교에 입학하는 것이다"라고 하였습니다. 순종 중 최고의 순종은 자기의 도구됨을 인정하는 것입니다. 하나님께서 나에게 어떤 일을 맡기시고, 어떤 운명으로 이끄시든지 그뜻에 순종하는 것입니다. 사도 바울은 로마서에서 이렇게 말씀하고 있습니다. "이 사람아 네가 뉘기에 감히 하나님을 힐문하느뇨 지음을 받은 물건이 지은 자에게 어찌 나를 이같이 만들었느냐 말하겠느뇨 토기장이가 진흙 한 덩이로 하나는 귀히 쓸 그릇을, 하나는 천히 쓸 그릇을 만드는 권이 없느냐"(롬 9:20-21). 하늘에 계신 하나님께서는 우리 인생에 대해서 이렇게 할 충분한 권리를 가지고 계십니다. 토기장이인 하나님께서 우리를 귀한 보석을 담는 그릇으로 만들 수도 있고, 험하게 쓰는 물바가지로 만들 수도 있고, 그보다 더 천한 그릇으로 만들 수도 있습니다. 왜 나를 이런 그릇으로 만들었느냐고 항의하는 것은 그릇의 권리가 아닙니다. 우리는 다만 그런 도구로 지음 받은 것에 대해서 감사할 뿐입니다.

하나님은 뜻이 있으셔서 우리를 그렇게 빚으셨습니다. 감사한다는 것은 이해가 되지는 않지만 하나님의 계획이 선하심을 믿는다는 고백입니다. 감사한다는 것은 하나님의 주권에 전적으로 순종한다는 표현입니다. 하나님의 부르심에는 후회가 없습니다. 다만 우리가 그 부르심의 의미를 잘 깨닫지 못하고 마치 우리가 버림받은 것처럼 잘못 생각하기 때문입니다.

어느 날 장미꽃이 하나님을 원망했습니다. "하나님, 왜 저에게 가시를 주셔서 저를 이렇게 힘들게 합니까?" 장미는 자기 몸에 지니고 있는 가시가 힘들었던 것입니다. 그러자 하나님이 이렇게 대답했다고 합니다. "나는 너에게 가시를 준 적이 없다. 오히려 가시 나무였던 너에게 장미를 주었다." 같은 인생을 살지만 한 사람은 '가시 때문에' 하면서 괴로워합니다. 반면에 다른 한 사람은 가시 같은 자기 인생을 장미로 아름답게 해 주신 것에 감사하며 살아갑니다. 천국과 지옥이 따로 없습니다. 우리 인생이 그럴지도 모릅니다. 하나님은 선하게 우리를 빚으셨는데 우리가 오해하여 하나님을 원망하며 살고 있지는 않습니까?

하나님 앞에 오래 무릎 꿇은 사람일수록 그분의 주권을 인정하는 데 주저하지 않습니다. 그분의 인도하심에 무조건적으로 '아멘' 할 수 있습니다. 이해가 되지 않더라도 그분의 인도하심은 선하다는 것을 잘 알기 때문입니다. 그리고 그분은 우리의 하나님이시기에 충분히 그럴 권리가 있습니다. 우리가 하나님을 '하늘에 계신 분'이라고 고백한다는 것은 우리가 먼지처럼 보잘것없고 유한한 인생임을 고백하는 것입니다. 그분의 전적인 주권을 시인하는 것입니다.

그렇다면 우리는 무한하신 하나님 앞에 그저 벌벌 떨고만 있어야 하는가? 그렇지 않습니다. 우리가 기도하는 하나님이 단지 '하늘에 계신 분'일 뿐이라면 마땅히 그랬어야 했을 것입니다. 그러나 그분은 또한 '우리의 아버지'입니다. 하나님은 무자비한 폭군이나 불가해한 신비적 존재가 아닙니다. 그분은 우리를 사랑하며 우리와 함께 하시는 우리들의 아버지입니다. 하늘에 계신 분이 우리 아버지 되신다는 것은 우리에게 희망입니다. 우리를 사랑하는 분이 전혀 무능력한 분이 아니시기 때문입니다. 그 분은 우주를 만드신 분입니다. 못할 것이 전혀 없으신 분입니다. 그러니 우리는 마음 놓고 기도할 수 있습니다. 기도의 소망이 바로 여기에 있습니다.

하늘에 계신 분이 우리 아버지라면 우리는 자기 인생에 대해 염려할 필요가 없습니다. 주님은 높은 하늘에서 우리 인생을 내려다보고 있습니다. 우리는 개미처럼 2차원의 공간만 헤매고 눈앞에 있는 것만 볼 수 있지만, 하늘에 계신 분은 우리의 먼 미래를 보고 있습니다. 우리 짧은 소견에는 돌아가는 것처럼 보이지만 실상은 하나님께서 인도하시는 길이 가장 빠르고 안전하며 정확합니다. 그러니 우리 인생을 충분히 맡겨 드릴만 합니다.

하늘에 계신 분이 우리 아버지라면 또한 우리는 두려울 게 없습니다. 이 우주에는 하나님을 대항할 신이나 세력은 없습니다. 그 어떤 위협이나 문제나 권세도 그리스도 안에 있는 사랑에서 우리를 끊을 수 없습니다. "누가 능히 하나님의 택하신 자들을 송사하리요 의롭다 하신 이는 하나님이시니 누가 정죄하리요 … 누가 우리를 그리스도의 사랑에서 끊으리요 환난이나 곤고나 핍박이나 기근이나 적신이나 위험이나 칼이랴 … 내가 확신하노니 사망이나 생명이나 천사들이나 권세자들이나 현재 일이나 장래 일이나 능력이나 높음이나 깊음이나 다른 아무 피조물이라도 우리를 우리 주 그리스도 예수 안에 있는 하나님의 사랑에서 끊을 수 없으리라"(롬 8:33-39).

하늘에 계신 우리 아버지여! 당신은 크고 두려우신 하나님입니다. 당신이 시내산에 강림하실 때 빽빽한 구름과 연기가 일어나 태양은 힘을 잃고 칠흑 같은 밤이 되었습니다. 땅은 진동하고 갈라져 그 속의 깊음이 다 드러났으며, 불과 강한 바람과 우박과 엄청난 천둥소리에 하늘은 다 떠나갈 것 같았나이다. 그때 이스라엘 백성들은 삼일 동안 옷을 빨고 자신을 정결케 했건만, 그 앞에 두려워 얼굴 한 번 못 들고 숨조차 쉴 수 없었나이다. 우리 영혼의 지성소에서 그 두려운 임재를 다시 한 번 경험하고 싶습니다. 그래서 인간의 어리석은 교만은 단번에 사라지게 하시고, 한 줌 먼지보다 못한 비천한 존재임을 깨닫게 하옵소서. 하나님은 하늘에 계시고 인간은 땅에 있습니다. 스스로 입을 가리고 자신의 무지함을 인정하고 잠잠하게 하옵소서.

묵상과 나눔

❶ 기도는 우리 영혼의 지성소로 나가는 것입니다. 이스라엘 백성에게 지성소는 극히 신성하고 두려운 곳이었습니다. 당신은 자신의 기도 가운데서 어느 정도나 하나님의 거룩함과 두려움에 대해서 인식하고 있는지 나누어 봅시다.

❷ 기도에는 '우리 아버지'라는 친밀함과 '하늘에 계신 분'이라는 두려움의 두 차원이 공존합니다. 친밀함과 두려움이라는 두 차원이 우리 기도에 어떤 영향을 주는지, 또 이 둘을 어떻게 조화시킬 수 있는지 나누어 봅시다.

5

먼저 구해야 할 것

이름이 거룩히 여김을 받으시오며

첫 열매가 중요합니다. 첫 열매를 보면 그해의 농사를 알 수 있습니다. 첫 열매는 가장 소중한 사람에게 바칩니다. 이스라엘에서 첫 열매는 하나님 몫입니다. 그래서 첫 태에서 처음 난 남자, 곧 맏아들은 하나님께 구별하여 드리는 예식을 행해야 합니다. 토지 소산의 만물과 각종 과목의 첫 열매 또한 주의 전에서 하나님께 드려야 합니다. 기도에도 첫 간구가 중요합니다. 우리는 간구의 첫 마디를 어떻게 시작해야 할까요? 이는 단지 순서의 문제가 아니라 기도하는 우리 마음 자세의 문제이기 때문에 매우 중요합니다.

기도의 우선순위

주님이 가르쳐주신 주기도의 첫 번째 간구는 "이름이 거룩히 여김을 받으시오며"입니다. 기도는 자신의 필요나 소원을 아뢰는 것입니다. 그렇다면 일용할 양식을 위한 간구나, 현재 우리가 당하고 있는 어려움으로부터 구원해 달라는 간구가 가장 먼저 앞서야 할 것입니다. 그러나 주기도는 우리에게 무엇보다도 먼저 하나님의 필요와 하나님의 뜻을 위해 간구하라고 가르칩니다. 주님은 주기도에 이어지는 마태복음 6장 33절에서도 "너희는 먼저 그의 나라와 그의 의를 구하라"고 말씀합니다. 기도에는 우선순위가 있습니다. 하나님의 것이 먼저이며 우리 것은 다음입니다.

주님은 이를 통해서 우리에게 인생의 존재 목적을 가르치길 원하십니다. 웨스트민스터 신앙고백 소요리문답 제1조는 사람의 제일 되는 목적은 "하나님을 영화롭게 하는 것과 영원토록 그를 즐거워하는 것이다"라고 고백하고 있습니다. 인생의 존재 목적은 신의 영광입니다. 최상의 행복은 신과 함께할 때 주어집니다. 그 목적이 분명하고 중심이 제대로 선 인생이라야 최선의 삶을 살 수 있습니다. 인생이 혼돈하고 무질서한 이유는 중심이 없기 때문입니다. 주기도에 나타난 기도의 우선순위는 인간이 어떤 존재이며 어떤 목적을 위해 살아야 하는지를 가르치고 있는 것이라고 할 수 있습니다.

주님은 또한 이를 통해 우리에게 믿음에 대해 가르치길 원하십니다. 믿음은 내려놓는 것이며 하나님께 맡기는 것입니다. 자기 일보다 하나님 일을 앞세우면 손해보고 굶어 죽을 것 같은 두려움이 생깁니다. 그렇지만 이는 사단이 주는 미혹일 뿐입니다. 결코 주리지 않습니다. 오히려 더 풍성하게 됩니다. 주님은 광야에서 40일 동안 금식하며 주린 상태에서 돌로 떡덩이를 만들라는 사단의 시험을 받았습니다. 자기의 필요를 먼저 채우라는 시험이었습니다. 그때 주님께서는 "사람이 떡으로만 살 것이 아니요 하나님의 입으로 나오는 모든 말씀으로 살 것이라"(마 4:4)며 그 유혹을 물리쳤습니다. 그 결과 주님이 광야에서 굶어 죽으셨나요? 아닙니다. 이어지는 마태복음 4장 11절에서는 이렇게 말씀합니다. "이에 마귀는 예수를 떠나고 천사들이 나아와서 수종드니라."

우리는 주님과 동행하는 법을 배워야 합니다. 우리 생각을 내려놓고 우리 마음을 비울 때 그 빈 공간을 주님께서 채우십니다. 하나님 일을 먼저 생각하며 하나님 말씀을 우선으로 놓을 때 하나님께서는 역으로 우리 생활을 채우고 풍요롭게 만드십니다. 이것이 예수님을 믿는 맛입니다. 나는 하나님의 일을 하고 하나님은 내 일을 이루어 주십니다. 그러므로 자기 인생에 산더미 같은 문제들이 쌓여있다 할지라도 하나님 나라와 그 의를 결코 뒤로 미루지 마십시오. 오히려 그럴 때일수록 하나님의 일에 열심을 내십시오. 그러면 덤으로 자기 일까지 이루어지는 은혜를 경험하게 될 것입니다.

실상 하나님의 뜻이 이루어지는 것이 우리에게는 최선입니다. 하나님의 뜻이 더 완전하기 때문입니다. 어떤 때는 자기 기도가 성취되는 것이 불행일 수도 있습니다. 인간은 완전한 지식을 소유하고 있지 못하기 때문입니다. 축복인 줄 알았는데 그것 때문에 고난이 몰려올 때도 있고, 실패라고 생각했는데 그것이 축복을 가져올 때가 있습니다. 그러므로 우리는 자기를 위한 기도보다 하나님을 위한 기도를 우선순위에 둬야 합니다. 그래야 모든 것이 최선의 결과를 낳습니다.

자기 기도를 한번 분석해 보십시오. 자기 삶을 한번 돌아보십시오.

내 기도에서, 내 인생에서 하나님을 먼저 생각했었던 적이 얼마나 되었는지? 자기 이름 때문이 아니라 하나님의 이름 때문에 억울해도 참고, 또 손해를 각오하고 행동했던 적은 얼마나 있었는지? 정당한 권리가 있었지만 예수님의 이름 때문에 포기했던 적이 있었는지? 중요한 선택의 순간에 주님이라는 존재가 그 선택을 결정하는 작은 변수라도 되었던 적이 있었는지? 우리는 주기도라는 기도 학교에서 올바른 기도를 배웁니다. 예수님의 제자로서 바람직한 삶의 태도를 훈련해 나갑니다.

하나님의 이름을 영화롭게

이름은 존재 자체입니다. 하나님의 능력은 그 이름을 통해 역사하고 그 이름은 또한 예배의 대상이기도 합니다. 야곱은 얍복 강에서 하나님과 씨름하다가 환도뼈가 부러집니다. 그 순간 야곱이 하나님께 묻습니다. "당신의 이름을 고하소서"(창 32:29). 야곱은 자기를 쓰러뜨린 자의 정체를 알기 원했던 것입니다. 모세가 하나님으로부터 부름을 받을 때 "하나님의 이름을 무엇이라고 이스라엘 백성에게 전하리이까"(출 3:13)라고 묻습니다. 이스라엘 백성들은 이름을 통해서 신의 존재를 알기 때문입니다. 솔로몬이 예루살렘 성전을 짓고 봉헌하면서 성전을 가리켜 "주님의 이름이 거기 있으리라 하신 곳"(왕상 8:29)이라 부릅니다. 예루살렘 성전은 하나님이 거하시는 곳이 아니라 하나님의 이름이 있는 곳입니다. 이 이름으로 기도할 때 하나님은 성전에서 응답해 주십니다. 그 이름을 안다는 것은 그 존재를 소유하는 것과 같습니다. 이름이 더럽힘을 당한다는 것은 그 존재 자체가 모욕을 받는 것과 같습니다.

그래서 '당신의 이름이 거룩히 여김을 받으시오며' 라는 기도는 하나님 존재 자체가 구별되어 드러나게 해달라는 기도입니다. 이는 곧 "하나님의 하나님 되심이 온 세계에 드러나기를 원합니다" 라는 기도입니다. 칼빈은 이 기도를 "하나님께서 받아 마땅한 그 자신의 영광을 받으셔야만 한다"는 뜻으로 풀이합니다. 하나님의 이름은 본래 영광스럽습니다. 본래 영광스럽고 거룩하기 때문에 다시 거룩해져야 될 필요는 없습니다. 그런데 타락한 피조물들 가운데서 이 하나님의 이름이 더럽힘을 당하고 또 잊혀져가고 있습니다. 사실 하나님의 영광이 사라진 것이 아니라 피조물들이 자기 눈을 가리고 있을 뿐입니다. 그들의 눈을 열어 하나님을 보게 하는 것, 그것이 하나님의 이름을 영화롭게 하는 것입니다.

구약 시대 하나님의 하나님다움은 능력과 거룩함으로 드러났습니다. 시내 산 가운데 불과 빽빽한 구름과 번개를 동반하고 지축을 흔들며 임재하시는 영광입니다. 만군의 왕으로서 이스라엘의 적들을 물리치며 그 언약 백성을 보호하시는 능력의 영광이었습니다. 그러나 신약 시대에는 자기를 낮추고 희생하는 사랑의 영광으로 나타나셨습니다. 이런 사랑의 영광은 예수님의 모습 속에서 찬란하게 빛나고 있습니다.

예수님의 삶은 철저히 하나님의 이름을 영화롭게 하는 삶이었습니다. 요한복음 12장에서 예수님은 자신의 사역을 썩어지는 '한 알의

밀알'에 비유하며 하늘을 향하여 이렇게 기도합니다. "아버지여 아버지의 이름을 영광스럽게 하옵소서"(요 12:28). 그러자 하늘로부터 성부 하나님의 음성이 들립니다. "내가 이미 영광스럽게 하였고 또다시 영광스럽게 하리라." 예수님께서는 요한복음 17장에서 제자들을 위한 마지막 기도를 드리면서도 이렇게 기도하셨습니다. "아버지께서 내게 하라고 주신 일을 내가 이루어 아버지를 이 세상에서 영화롭게 하였사오니"(요 17:4).

예수님의 일은 무엇이었습니까? 그것은 다름 아닌 십자가 사역을 가리킵니다. 양들을 위하여 자기 목숨을 버리는 일입니다. 예수님은 이런 자기 비움과 희생을 통하여 모든 사람들에게 하나님의 사랑을 드러냈습니다. 하나님의 하나님다움은 그분의 능력과 전능성에서보다는 그분의 낮아지심과 사랑에서 더 잘 드러났습니다. 물론 구약시대에도 하나님은 긍휼의 모습으로 자신을 드러내곤 하셨습니다. 그러나 그것은 인간들에게 마치 부자가 가난한 자를 생각하는 듯한 시혜적인 사랑처럼 느껴졌을 뿐입니다. '그래도 당신은 하나님이시니까?' 라는 냉소가 인간과 하나님 사이를 벽처럼 가로막고 있었습니다. 그런데 어느날 하나님 자신이 벌레만도 못한 인간이 되신 성육신 사건이 일어났습니다. 이 일만 해도 황송한데 하나님이 인간을 대신하여 십자가에서 죽으신 정말 상상도 못할 일이 벌어졌습니다. 이런 모습들을 보면서 인간들은 그때서야 비로소 하나님이 진실로 우리를 사랑하셨다는 사실을 깨닫게 되었습니다. 이것이 하나님의 하나님다움입니다. 십자가는 하나님의 이름이 거룩히 드러난 일대 사건이었습니다. 이때 드러난 하나님의 이름은 사랑이었습니다.

　이처럼 하나님의 이름은 꼭 승리하거나 기적이 나타나야만 영광이 되는 것은 아닙니다. 어떤 대회에서 상을 타고 운동경기에서 승리했을 때 우리는 "하나님께 영광을 돌립니다"라고 감사를 표합니다. 사실 이런 고백을 할 수 있다는 것 자체가 대단한 신앙일 것입니다. 그러나 우리가 반드시 기억해야 할 것은 하나님의 영광은 승리의 순간뿐만 아니라 패배의 순간에도 나타나고 있다는 사실입니다. 패배하거나 시험에 떨어져도 하나님의 선하신 뜻을 인정하며 감사할 때 그것이 하나님께 영광이 됩니다. 세상 사람들은 그 모습을 보면서 역시 '믿는 사람은 달라'라며 칭찬할 것입니다.

　병상에 누워서도 감사하며 하나님을 찬양할 때, 이 또한 하나님의 이름이 거룩히 여김을 받는 순간입니다. 병의 주관자가 하나님임을 선포하고 그 역사하심에 순종하겠다는 뜻이기 때문입니다. 보이는 병보다는 이 병을 통해서 이루실 보이지 않는 하나님의 선하신 뜻이 더 소중하다는 고백이 담겨 있기 때문입니다. 또한 병들거나 건강하거나, 승리하거나 패배하거나, 세상의 성공과 실패에 연연하지 않고 오직 크신 하나님만을 믿는다는 선언이기 때문입니다. 하나님의 이름은 이처럼 우리가 연약한 순간에 더 찬란하게 빛나고 있습니다. 도무지 믿을 수 없는 상황에서도 믿음을 고백하는 것처럼 하나님의 이름을 위대하게 만드는 것이 또 어디 있겠습니까?

　우리가 하나님의 이름을 높이면 하나님께서 우리 이름을 높여주십니다. 이는 빌립보서 2장의 그리스도의 찬가에 잘 나타나 있습니다.

"이러므로 하나님이 그를 지극히 높여 모든 이름 위에 뛰어난 이름을 주사 하늘에 있는 자들과 땅에 있는 자들과 땅 아래 있는 자들로 모든 무릎을 예수의 이름에 꿇게 하시고 모든 입으로 예수 그리스도를 주라 시인하여 하나님 아버지께 영광을 돌리게 하셨느니라"(빌 2:9-11). 예수님이 하나님의 이름을 높이는 삶을 살 때 하나님은 예수님의 이름을 높이고 그 발아래 모든 피조물들의 무릎을 꿇게 하셨습니다. 이것이 하늘나라의 원리입니다. 하나님을 높이는 자는 결국 자기를 높이는 인생이 됩니다. 하나님은 이미 높으신 분인데 무엇이 부족해서 우리 인생들로부터 또 한 번 높임을 받길 원하시겠습니까? 하나님은 자신의 높아짐보다는 우리의 행복과 존귀함을 원하십니다. 당신의 이름이 영화롭도록 기도하라는 이유는 실상 우리 인생들의 이름을 높여 주고 싶어서입니다. 하나님의 이름을 높이는 겸손한 심령에게 하나님께서는 존귀함의 복을 허락하십니다.

우리에 의해서

"이름이 거룩히 여김을 받으시오며"는 수동태입니다. 행위의 주체가 감추어져 있습니다. 주체가 될 수 있는 것은 두 가지입니다. 하나는 '기도하는 자'에 의해서이고, 또 다른 하나는 '하나님 자신'에 의해서입니다.

기도는 기도하는 자로 행동하게 만듭니다. 주기도를 이루어야 할 사람은 다름 아닌 주기도로 기도하는 그 사람입니다. 하나님 나라가 임하기를 열심히 간구하는 자는 하나님 나라 건설을 위한 군사가 될 수밖에 없습니다. 우리에게 주어진 중보기도 제목들은 실상 우리가 순종해야 될 것들입니다. 그래서 누구에게 기도 부탁 받는다는 것은 기도만 하면 끝나는 그리 단순한 일이 아닙니다. 결국 기도하는 사람이 도움을 주거나 무언가 행동을 취할 수밖에 없도록 만듭니다. '하나님의 이름이 거룩히 여김을 받으시오며' 라고 기도하는 사람은 결국 자신이 하나님의 이름을 거룩하게 하는 사람이 되어야 합니다.

구약에서는 말씀으로 계시하시고, 신약에서는 예수님을 통하여 자신을 계시하셨던 하나님께서는 이제는 교회를 통하여 자신을 계시하십니다. 하나님은 보이지 않습니다. 그러나 그 하나님을 볼 수 있는 길이 있습니다. 바로 교회를 통해서입니다. 교회를 이루고 있는 믿는 자 한 사람 한 사람의 삶을 통해서입니다. 우리는 예수쟁이들입니다. 세상 사람들은 예수쟁이들을 보면서 하나님을 평가합니다. 우리가 하나님 말씀을 따라 선하고 아름다운 삶을 살면 세상 사람들은 그 모습에서 하나님의 살아계심과 위대함을 깨닫게 될 것입니다. 이는 마치 어떤 사람이 대단한 일을 하면 사람들이 그를 보며 "제가 누구 자식이야. 아, 역시 그분의 자식답군" 하고 칭찬하는 것과 같습니다.

주님께서는 주기도가 기록된 산상수훈에서 동일하게 말씀하십니다. "이같이 너희 빛을 사람 앞에 비취게 하여 저희로 너희 착한 행실을 보고 하늘에 계신 너희 아버지께 영광을 돌리게 하라"(마 5:16). 하나님의 이름을 거룩하게 하는 것은 다름 아닌 우리의 착한 행실입니다. 하나님의 이름을 욕되게 만드는 방법은 그 반대로 우리가 선하지 않은 행실을 하면 됩니다.

한국인들은 한국 교회를 통해서 하나님을 만납니다. 한국사회에서 우리 한국교회는 어떤 이미지를 가지고 있습니까? 그리 긍정적인 이미지는 아닌 것 같습니다. '물질적이다.' '세속적이다.' '배타적이다.' '싸움이 잦고 경쟁적이다.' 요즘은 여기에 더하여 지나치게 '이념적이다' 라는 평판까지 받고 있습니다. 남과 북으로, 강남과 비강남으로, 부자와 가난한 자로 갈라진 민족의 갈등을 조정하는 화해자가 되기보다는 일방적으로 한쪽 편을 선택하거나 무관심하기까지 합니다. 한국 기독교는 평화의 공동체가 아니라 오히려 갈등의 공동체가 되었습니다. 이런 여러 부정적인 요인들이 겹쳐 한국교회는 성장이 정체되기 시작했고, 급기야 감소하기까지에 이르렀습니다. 세상은 '기독교는 믿겠는데 기독교인들은 못 믿겠다' 라고 말들을 합니다. 우리가 잘못하면 하나님의 이름이 욕을 먹습니다.

알렉산더 대왕의 예화입니다. 알렉산더가 가장 싫어했던 것은 전투에 나아가서 용감하게 싸우지 않고 도망치는 행위였습니다. 그래서 알렉산더는 도망친 병사를 잡으면 공개적으로 처형했습니다. 어느 날 한 병사가 도망치다 붙잡혀 알렉산더 앞에 끌려오게 되었습니다. 알렉산더가 그 병사를 보니 어리고 사랑스러워 보였습니다. 죽이고 싶은 마음이 사라졌습니다. 그래서 그 병사를 가까이 불렀습니다. 불러서는 그 병사에게 "네 이름이 무엇이냐?"고 물었습니다. 그 병사가 기어들어가는 목소리로 "알렉산더입니다"라고 대답했습니다.

깜짝 놀란 알렉산더가 다시 한 번 물었습니다. "네 이름이 뭐라고?" 병사는 더 기어드는 목소리로 "알렉산더입니다"라고 대답합니다. 그 병사의 이름이 알렉산더 대왕의 이름과 똑같았던 것입니다. 알렉산더가 화가 나서 세 번째 묻습니다. "네 이름이 뭐라고?" 놀란 병사가 "알렉산더입니다!"라고 큰 소리로 대답합니다. 그러자 알렉산더가 내려가서 그 병사의 목을 휘어잡고 이렇게 소리칩니다. "네가 알렉산더라고? 네 이름을 바꾸든지, 네 삶의 태도를 바꿔라!"

우리는 예수쟁이입니다. 예수쟁이면 예수쟁이답게 살아야 합니다. 예수쟁이답게 살지 않으면 예수님께서 화를 내십니다. 예수님은 우리가 예수쟁이답게 살던지 아니면 예수쟁이라는 이름을 버리라고 말씀합니다.

하나님 자신에 의해서

"이름이 거룩히 여김을 받으시오며"의 주체는 또한 하나님 자신이 될 수도 있습니다. 하나님 스스로 당신의 이름을 거룩하게 하신다는 말씀입니다. 에스겔서에서 하나님은 이렇게 말씀합니다. "열국 가운데서 더럽힘을 받은 이름 곧 너희가 그들 중에서 더럽힌 나의 큰 이름을 내가 거룩하게 할지라 내가 그들의 목전에서 너희로 인하여 나의 거룩함을 나타내리니 열국 사람이 나를 여호와인 줄 알리라 나 주 여호와의 말이니라"(겔 36:23). 이 말씀의 역사적 배경은 바벨론 포로기입니다. 바벨론 땅에서 전하는 예언의 말씀입니다. 이스라엘의 죄악 때문에 하나님은 이스라엘이 바벨론에 의해서 망하도록 허락하셨습니다. 그런데 이 일은 정말 하나님의 자존심을 상하게 만든 일이었습니다. 이스라엘은 열국 중에서 하나님이 택한 나라이며 하나님의 사랑을 쏟아 부은 민족입니다. 그런 나라가 망했으니 세상 나라들이 '여호와가 이스라엘을 지킬 힘이 없어 이렇게 되었다'고 조롱할 것이 아닙니까?

바로 이런 의미에서 열국 가운데서 내 이름이 더럽혀졌다고 하나님은 말씀하신 것입니다. 그렇지만 그 이름이 더 이상 더럽혀지도록 가만 놔두지 않겠다고 하나님은 선언합니다. 이스라엘을 다시 회복시켜 땅에 떨어진 하나님의 명예를 회복하겠다는 약속의 말씀입니다. 이 약속대로 이스라엘은 70년 후에 바벨론 포로로부터 해방됩니다. 이 해방은 이스라엘이 잘나서 주어진 것이 아니었습니다. 하나님의 이름 때문이었습니다. 우리 희망의 근거가 바로 여기에 있습니다. 하나님께서는 자기의 명예 때문에 스스로 행동한다는 사실입니다. 우리 능력과 의지대로 역사가 이루어졌다면 하나님의 구원사는 이미 끊어지고 말았을 것입니다.

하나님께서 자신의 이름을 스스로 거룩하게 하기 위해 행동하신다는 것은 우리에게는 위로와 소망이 됩니다. 우리의 연약함과 실패에도 불구하고 하나님은 자기 일을 성취해 나가실 것이기 때문입니다. 우리는 하나님의 자녀입니다. 하나님께서 우리를 하나님의 자녀로 부르신 이상 어떻게든 우리를 하나님의 자녀다운 성품과 능력을 갖추도록 만드실 것입니다. 하나님의 자녀가 여전히 세상 사람들이 사는 방식대로 사는 것은 하나님의 자존심이 허락지 않습니다. 하나님은 우리를 복의 근원으로 부르셨습니다. 그러므로 하나님은 우리를 복의 근원에 합당한 그릇으로 빚어 가실 것입니다. 도공은 자기 머릿

속에 그린 그림에 합당하기까지 그릇을 빚고 마음에 들지 않으면 깨뜨리기를 반복합니다. 하나님께서는 우리를 빛과 소금으로 부르셨습니다. 우리가 그에 걸맞는 인격을 갖추기까지 하나님의 연단은 쉬지 않을 것입니다.

그래서 기도 중에서 가장 호소력 있는 기도는 하나님의 이름, 곧 그 명성에 호소하는 기도입니다. 이스라엘 백성이 출애굽 후 가데스 바네아에서 하나님을 거역하고 가나안 땅에 진입하기를 거부했던 때가 있었습니다. 그때 하나님은 화가 나서 이스라엘을 없애고 모세를 통해서 새로운 민족을 만들려고 하셨습니다. 그때 모세는 하나님의 명성에 호소하며 이렇게 기도하였습니다. "이제 주께서 이 백성을 한 사람같이 죽이시면 주의 명성을 들은 열국이 말하여 이르기를 여호와가 이 백성에게 주기로 맹세한 땅에 인도할 능이 없는 고로 광야에서 죽였다 하리이다"(민 14:15-16). 시편 기자도 이렇게 기도합니다. "우리 구원의 하나님이여 주의 이름의 영광을 위하여 우리를 도우시며 주의 이름을 위하여 우리를 건지시며 우리 죄를 사하소서"(시 79:9). 우리 기도가 응답받는 기도가 되기를 원한다면 주님의 명성에 호소하는 기도를 드리십시오. "하나님의 이름의 영광을 위하여 이 일을 이루어 주옵소서."

우리는 역사의 정의를 믿습니다. 지금은 악이 승리하고 정의가 힘이 없는 것처럼 보입니다. 그러나 우리는 궁극적으로 정의가 승리하고, 사랑과 아름다움으로 가득 찬 새 세계가 건설될 것을 믿습니다. 우리의 이런 확신이 어리석지 않은 것은 하나님의 이름 때문입니다.

하나님의 이름은 정의와 사랑입니다. 정의와 사랑이라는 이름은 정의로운 세계, 사랑의 나라가 건설될 때만이 부끄럽지 않게 됩니다. 하나님은 자기 이름 때문이라도 이 일을 이룰 수밖에 없습니다. 그래서 그날이 되어 모든 피조물들이 입을 열어 "하나님은 위대하시도다! 하나님의 이름은 영광되도다!" 하며 찬양하게 만들 것입니다.

하나님 스스로 당신의 이름을 거룩하게 만드신다는 것은 또 한편으로는 두려운 경고이기도 합니다. 하나님의 명예를 실추시키는 일에 대해서는 가차없이 심판을 내리실 수도 있기 때문입니다. 마치 과수원 주인이 1년을 기다리고 2년, 3년을 기다려도 무화과나무에서 열매를 얻지 못하자 "무화과나무를 찍어 버리라 어찌 땅만 버리느냐"(눅 13:7)라고 심판을 선언하는 것과 같습니다. 사랑하고 기대가 크기 때문에 심판도 크고 빠를 수 있습니다. 이때문에 우리는 늘 깨어 있고 스스로 삼가야 합니다. 하나님께서 경고하실 때 빨리 돌이켜야 합니다. 하나님께서 축복하실 때 그 복으로 하나님의 이름을 거룩히 드러내기 위해 힘써야 합니다. 하나님의 이름을 높이고, 하나님을 영화롭게 하는 자에게는 그에 합당한 명예와 영광이 돌아갈 것입니다.

거룩하신 아버지여, 당신의 이름이 영화롭게 되기를 기도합니다. 내가 선한 행실을 하고 싶어 하는 이유는 오직 당신의 이름을 높이기 위해서입니다. 내 이름은 사라져도 좋습니다. 선한 사마리아인은 그 이름이 없었듯이 나 또한 다만 예수 잘 믿는 한 명의 예수쟁이로만 남기를 원합니다. 오늘 친구가 나에게 불의한 일을 행해도 참았습니다. 그가 내가 예수 믿는 사람인 줄 잘 알고 있었기 때문입니다. 오늘 내가 잘못한 일이 있었습니다. 눈 딱 감고 모른 체 할 수 있었지만 예수쟁이로서 내 자존심이 허락하지 않았습니다. 그래서 죄송하다는 말과 함께 연락처를 남기고 돌아왔습니다. 그렇지만 오늘 화낸 일도 있었습니다. 하나님의 이름을 모욕하는 소리에 내 아버지가 모욕당한 듯 참을 수 없었기 때문입니다. 나는 하나님의 자녀입니다. 내가 실패하거나 낙담하여 하나님의 이름이 모욕을 당할까 두렵습니다. 주님 저를 도와주옵소서. 세상으로 하여금 내가 하나님의 자녀임을 알게 하옵소서.

묵상과 나눔

❶ 기도에도 우선순위가 있습니다. 먼저 하나님 나라와 그의 의를 구하기 위해 자기 생각, 판단, 경험, 욕심을 내려놓아야 한다는 것에 동의합니까? 그 이유는 무엇 때문이라고 생각하나요?

❷ 하나님 이름의 영광은 어느 때, 어떤 모습으로 드러난다고 생각하는 가요? 성경이나 자신의 경험을 가지고 나누어 봅시다.

❸ 자기 삶에서 하나님의 이름 때문에 아름다운 패배나 손해를 선택한 적이 있었는지, 또 자신에 의해서 하나님의 이름이 영화롭게 되었던 적은 있었는지 서로 나누어 봅시다.

6

세상을 뒤흔드는 기도

나라이 임하옵시며

어떤 왕이 있었습니다. 그는 권력과 재물을 소유한 엄청난 능력의 사람이었습니다. 어느 날 그 왕이 어떤 거지를 불쌍히 여겨 무엇이든지 구하라고 하였습니다. 그가 원하는 것은 어떠한 것이든지 다 들어주겠다고 하면서요. 그런데 이 거지가 구한 것은 고작 한 그릇의 스프였습니다. 이 소원을 들은 왕의 태도가 어떠했을지는 상상이 갈 것입니다. 혹시 우리 기도가 그렇지 않습니까? 너무 소소한 것만 구하고 있지 않습니까? 주기도의 두 번째 기도는 우리 기도의 스케일을 크게 만듭니다. 우리가 구해야 할 것은 '나라' 입니다.

하나님 나라

주님이 가르쳐주신 주기도의 두 번째 간구는 "나라이 임하옵시며" 입니다. 이를 정확히 번역해 보면 '당신의 나라가 임하길 바라오며' 입니다. 당신의 나라는 곧 '하나님의 나라' 입니다. 어떤 분들은 이것을 "나라에 임하옵시며"라고 오역합니다. 이렇게 되면 이 세상 나라에 하나님이 오시길 기원하고 있는 것 같은 오해를 불러일으킵니다. 아닙니다. 주어가 '나라'이며, 이 나라는 곧 '하나님 나라' 입니다. 하나님 나라가 이땅 위에 건설되기를 소망하는 기도입니다. 이 기도에는 곧 이땅의 모든 현실이 하나님 나라로 바뀌기를 소원하는 사회변혁의 의지가 담겨 있습니다.

이처럼 예수님은 주기도를 통하여 우리 자신의 복보다는 하나님 나라를 먼저 구하라고 명령합니다. 사실 우리 기도라는 것이 너무 개인적인 복에만 매여 있지 않습니까? 내 사업, 내 건강, 내 가족에 국한되어 있지는 않습니까? 언제 한 번 하나님의 나라에 대해서 진지하게 생각하고 기도해 본 적이 있습니까? 일제시대 독립투사들은 나라의 독립을 위해서 자신과 가정을 돌아보지 않고 뛰었습니다. 하나님은 마치 우리가 독립군처럼 하나님 나라에 매진하길 원하십니다. 우리는 하나님 나라 건설을 위해 부름 받은 그리스도의 군사들입니다. 군사들이 자기 사생활에 얽매인다면 군사로서 합당하지 못합니다.

그러면 우리 가정, 내 일은 누가 책임지나? 사실 이런 면에서 보면 세상의 애국자가 더 위대합니다. 왜냐하면 자기가 애국했다고 해서 돌아오는 대가가 반드시 좋은 것만은 아님에도 불구하고 고난의 길을 가기 때문입니다. 우리나라 현실을 보면 그렇습니다. 친일파들은 잘 살고, 애국지사들은 암살당하거나 3대에 걸쳐서 가난하게 살기도 합니다. 그래도 그 길이 옳기 때문에 그 길을 갑니다. 반면에 하나님 나라를 구하는 애국자들은 그 길이 옳을 뿐만 아니라, 그들에게는 그 나라를 구한 것에 대한 대가도 주어집니다. 주님은 분명히 약속합니다. "먼저 그의 나라와 그의 의를 구하라 그리하면 이 모든 것을 너희에게 더하시리라"(마 6:33). 이 모든 것이란 먹고 마시고 입는 우리의 모든 필요를 말합니다. 우리가 하나님 나라를 위하여 살면 주님은 우리를 위해 우리 모든 쓸 것을 책임질 것이라고 약속합니다.

예수님은 공생애의 그 첫 일성을 "회개하라 천국이 가까웠느니라"(마 4:17)로 시작했습니다. 예수님의 공생애는 가까이 임한 하나님 나라를 선포하며, 회개를 촉구하고, 그 능력으로 하나님 나라의 실상을 세상에 드러내는 것이 주된 사역이었습니다. 예수 그리스도의 십자가와 그를 통한 대속의 은혜란 것도 실상은 이 하나님 나라에 들어갈 수 있는 사람들을 모으기 위한 징집과정이라 할 것입니다.

그러나 하나님 나라는 흔히 생각하듯 어떤 장소 개념이 아닙니다. 그 정확한 의미는 '하나님의 통치' 입니다. 하나님 나라는 곧 '하나님이 다스리시는 나라' 입니다. 우리는 흔히 천국이라고 할 때 영원히 사는 나라, 죽음이 없는 나라, 열두 진주 대문과 생명수 강이 흐르는 안식의 나라를 생각합니다. 그러나 이것들은 천국의 풍요로움을 상징할 뿐이지 핵심은 아닙니다. 무엇보다도 천국이 천국인 이유는 하나님이 그곳에 계시기 때문입니다. 하나님 없으면 천국이라도 지옥이 되고, 하나님 계신 곳이라면 지옥이라도 천국이 됩니다. 가장 중요한 것은 하나님의 함께 하심, 하나님의 다스리심입니다.

하나님 나라를 하나님의 다스리심으로 생각한다면 천국은 죽어서만 가는 곳이 아니라 지금 이 자리에서도 이루어지고 있음을 쉽게 알

수 있습니다. 마태복음 12장에서는 현재 이미 임한 하나님 나라의 모습을 잘 설명하고 있습니다. 예수님은 귀신을 내어 쫓으면서 이렇게 말씀하셨습니다. "내가 하나님의 성령을 힘입어 귀신을 쫓아내는 것이면 하나님의 나라가 이미 너희에게 임하였느니라"(마 12:28). 사람의 영혼을 장악하고 있던 이 세상의 가치관이나 욕심과 귀신들이 떠나가고, 그곳에 하나님의 성령이 임하여 왕으로서 우리를 다스릴 때 천국은 이미 그곳에서 이루어지고 있습니다.

그래서 하나님 나라를 '이미'(already)와 '아직(not yet)'으로 설명하기도 합니다. 하나님의 통치가 이 땅에서 실현되고 있으므로 하나님 나라는 '이미' 임했습니다. 한 사람이 예수를 믿는 순간 그 심령에 하나님 나라가 이미 임했습니다. 세상의 불의가 물러가고 하나님의 말씀과 법칙이 통하는 사회가 되면 그것도 이미 하나님 나라가 임한 것입니다. 사도 바울은 "하나님의 나라는 먹는 것과 마시는 것이 아니요 오직 성령 안에서 의와 평강과 희락이라"(롬 14:17)고 말씀합니다. 그래서 우리 심령이나 공동체 안에 하나님의 의가 이루어지고 기쁨과 평강을 누리고 있다면 이미 하나님 나라가 우리 가운데 임한 것입니다. 하나님 나라를 너무 복잡하게 생각하지 마십시오. 우리는 충분히 이 세상에서부터 천국을 누릴 수 있습니다. 이 세상에서 맛보지 못하는 천국이라면 우리는 저 세상의 천국도 확신할 수 없습니다.

그러나 요한계시록에서 증거하고 있는 것과 같은 천국 곧, 우주의 대파멸과 함께 임하는 나라, 더이상 죽음도 없고 눈물도 없고 하나님의 통치가 완전히 실현되는 그 나라는 아직 임하지 않았습니다. 그래서 성경은 여전히 '아직'이라는 표현을 사용합니다. 하나님 나라는 아직 이루어지지 않았기 때문에 그 나라가 임하기까지 우리는 쉬지 않고 기도해야 합니다.

'이미' 이루어진 하나님 나라와 '아직' 이루어지지 않은 하나님 나라 사이의 긴장감은 우리로 한편으로는 감사하고 찬양하게 하며, 다른 한편으로는 더욱 분발하게 만듭니다. 이미 이루어진 하나님 나라는 장차 이룰 완전한 승리를 미리 맛보는 것입니다. 또한 우리는 아직 이루어지지 않은 하나님 나라 때문에 잠시도 게을리 살거나 긴장을 늦출 수 없습니다.

위기 가운데 있는 세상 나라

비록 우리는 대한민국이라는 땅에 살고 있지만 이 세상 나라에 매인 사람들이 아닙니다. 우리는 하늘나라의 시민권을 가진 사람들입니다. '나라이 임하옵시며'라는 기도는 우리의 시민권이 어디에 있는지 다시 한 번 확인하게 만듭니다. 우리는 이 세상 나라의 나그네들입니다. 우리가 구할 것은 세상 나라가 아닙니다. 주님은 빌라도 앞에서 심문을 받으면서 "내 나라는 이 세상에 속한 것이 아니라"(요 18:36)고 분명히 말씀하셨습니다. 우리는 비록 세상 속에 살고 있지만 이 세상 나라 건설에 희망을 갖지 않습니다. 우리는 이 세상에 집을 짓고 살려는 사람들이 아닙니다. 우리들의 관심은 하늘나라입니다.

그렇다고 해서 우리가 세상일에 방관자가 되어야 한다는 것은 아닙니다. 주님께서 하나님 나라가 임하도록 기도하라 하셨으니 우리는 세상의 각 영역에서 하나님의 통치가 실현되도록 열심히 노력합니다. 그러나 태양빛을 본 자가 촛불에 만족할 수 없듯이 하나님께서 다스리는 의와 희락과 평강과 사랑의 나라를 비전으로 본 자는 세상의 것에 궁극적인 소망을 둘 수 없습니다. 그래서 신앙인은 영원한 비판자요, 개혁자요, 혁명가가 될 수밖에 없습니다. 절대적인 하나님 나라의 빛 앞에 세상 나라와 문화와 이데올로기는 불완전한 것일 수밖에 없기 때문입니다.

그런데 역설적으로 교회가 나그네처럼 살아야 세상에 희망이 있습니다. 그래야 세상이 긴장합니다. 자본주의의 무한 경쟁의 논리가 판을 치는 곳에서 교회는 작은 소자 한 사람을 소중하게 여기며 살아갑니다. 물신 숭배의 논리가 주류가 된 곳에서 교회는 사람을 이야기하고 사랑을 가장 중요한 가치로 실천합니다. 분열되고 자기들끼리만 모이는 세상에서 교회는 도무지 화해 불가능한 사람들이 예수 때문에 화해하고 함께 예배를 드립니다. 하나님 나라가 실현되고 있는 교회의 이런 모습이 세상에 충격을 줍니다. 세상을 바꾸는 발효제의 역할을 합니다.

마태복음 20장에는 '포도원 품꾼의 비유'라는 좀 이상한 비유가 있습니다. 집주인이 포도 수확기가 되어 아침 일찍 품꾼들을 구하러 나갑니다. 주인은 품꾼들에게 하루 한 데나리온을 주기로 약속하고 포도원에 들여보냅니다. 오전 9시에 나가니 일자리가 없어 놀고 있는 사람이 있습니다. 주인은 그들도 포도원에서 일할 수 있도록 해줍니다. 12시에 나가고, 오후 3시에 나가도 품꾼들이 일이 없어 놀고 있습니다. 주인은 이들에게도 일자리를 마련해줍니다. 심지어 오후 5시, 해질 무렵에도 그때까지 일자리를 찾지 못하고 배회하고 있는 품꾼들이 있었습니다. 주인은 그 사람들도 일할 수 있도록 배려합니다. 이것만으로도 포도원 주인이 대단한 자비의 사람임을 짐작할 수 있습니다.

그런데 문제는 일이 끝나고 품삯을 줄 때 생겼습니다. 주인이 품삯을 주는데 가장 나중에, 즉 오후 5시부터 일한 사람에게 먼저 한 데나리온의 품삯을 줍니다. 그러자 가장 먼저 일을 시작했던 사람들이 그 모습을 보며 자기들에게는 더 많은 삯이 주어질 것으로 은근히 기대합니다. 그러나 기대에 어긋나게 주인은 그들에게도 똑같이 한 데나리온을 주었습니다. 이것은 부당하다고 생각하며 일찍부터 일했던 품꾼들이 항의합니다. "나중 온 이 사람들은 한 시간만 일하였거늘 저희를 종일 수고와 더위를 견딘 우리와 같게 하였나이다"(마 20:12).

사실 자본주의 논리대로 따지면 이 사람들의 항의가 옳습니다. 그러나 주인은 세상 나라의 논리를 좇는 그런 사람이 아니었습니다. 주인은 이렇게 말합니다. "네 것이나 가지고 가라 나중 온 이 사람에게 너와 같이 주는 것이 내 뜻이니라"(마 20:14). 주인은 하나님 나라 사랑의 원리를 좇는 사람입니다. 일거리가 없는데도 오후 5시까지 인력 시장에 서 있을 정도면 이 사람은 생계가 어려운 사람임에 틀림없습니다. 그 사람에게는 먹여야 할 가족도 있을 것입니다. 또 일 없이 종일토록 빈둥거리고만 있었다면 그 사람 마음이 편했겠습니까? 이런 모든 점을 고려하여 주인은 그에게 일을 시켰고, 또 불쌍히 여겨

제일 먼저 품삯을 주었습니다. 물론 먼저 일한 일꾼들과는 한 데나리온의 계약을 맺었기에 불의한 처우를 한 것도 아닙니다.

예수님의 이 비유는 하나님 나라를 지향하는 우리들의 삶의 태도가 어떠해야 할지에 대한 좋은 교훈을 보여줍니다. 하나님 나라는 자본주의적인 경쟁의 원리에 기초한 나라가 아닙니다. 하나님 나라는 한 사람을 중요시 여기는 나라입니다. 한 사람의 속사정까지도 이해하며 품는 사랑의 나라입니다. 만약 믿는 신앙인들이 오늘 한국 사회와 같이 비정규직이 많고, 자본주의의 비정함과 물신성만이 판을 치는 사회에서 이런 태도로 살아간다면 세상에 주는 충격은 대단할 것입니다. 우리는 어쩌면 이미 하나님 나라를 포기하고 이 세상 나라를 구하고 그 원리에 따라 사는 데 익숙해져 버렸는지 모릅니다. 실상 세상을 바꾸는 힘은 이처럼 하나님 나라의 비전을 소유한 자들에게서 나옵니다.

하나님 나라를 추구하는 영원한 비판자로 산다고 해서 세상 나라를 향하여서 데모하고 정치 운동을 하라는 뜻은 아닙니다. 하나님 나라를 이루는 방식은 세상 사람이나 제도를 탓하며, 세상을 향하여 '이렇게 고치십시오'라고 청원하는 방식이 아닙니다. 교회는 단지 스스로 자기 안에서부터 하나님 나라를 이루려 하고, 하나님 나라에 맞는 합당한 삶을 살려고 노력할 뿐입니다.

신약성경이 쓰였던 시대는 고대 노예제 사회였습니다. 그러나 초대교회는 노예제도를 바꾸라는 요구를 한 적이 없습니다. 그렇다면 초대교회에서는 그런 악한 제도를 그대로 인정했는가요? 아닙니다.

노예 제도는 이미 교회 안에서 효력을 상실해 가고 있었습니다. "너희는 유대인이나 헬라인이나 종이나 자주자나 남자나 여자 없이 다 그리스도 예수 안에서 하나이니라"(갈 3:28)며 사도 바울이 선포할 때 이미 노예제도는 힘을 잃은 거나 마찬가지입니다. 서로 주 안에서 형제요 자매라고 부르는 순간 종도 주인도 없고, 남자와 여자의 차별도 없어졌습니다. 사도 바울이 노예 주인 빌레몬에게 그의 도망 노예인 오네시모를 "이후로는 종과 같이 아니하고 종에서 뛰어나 곧 사랑받는 형제로 둘 자라 … 네가 나를 동무로 알진대 저를 영접하기를 내게 하듯 하고"(몬 1:16-17)라며 말할 때 이미 그곳에는 하나님 나라의 평등 공동체 이상이 실현되고 있었습니다.

이런 점에서 한국교회는 지나치게 정치 과잉입니다. 세상 나라에 대해서 습관적으로 성명서를 발표하고 시국기도회를 엽니다. 강단에서 시국 강연을 방불케 하는 설교를 합니다. 정치적 찬반양론이 분분한 문제에 대해서 지나치게 개입하려 합니다. 하나님 나라는 이런 방식을 통해서 이루어지는 나라가 아닙니다. 우리는 세상에 소망을 갖지 않습니다. 우리는 세상에 청원하는 사람들이 아닙니다. 우리는 다만 하나님 나라를 소망하며 우리 안에서부터 묵묵히 하나님 나라를 실천할 뿐입니다. 세상은 '눈에는 눈, 이에는 이'라는 식의 복수의 논리로 굴러가지만 하나님 나라는 자기희생과 원수사랑을 통해서 이루어집니다. 하나님 나라는 하나님의 방식대로 운영되는 나라를 말합니다.

하나님 나라의 건설 현장

우리는 하나님 나라의 군사들입니다. 주기도의 '나라이 임하옵시며' 라는 기도는 우리가 어떤 존재인지, 우리가 살고 있는 땅이 어떤 곳인지 매일같이 확인시켜 줍니다. 세상은 전쟁터입니다. 어둠의 세력과 빛의 자녀들이 싸우고 있습니다. 그리스도의 군사들은 우리가 속해 있는 삶의 영역에 하나님의 통치가 임하도록 기도하고 행동해야 합니다. 그래서 어느 곳을 가든지 우리들의 기도는 이렇게 되어야 할 것입니다. "하나님 이 가정에, 하나님 이 회사에, 하나님 이 지역에, 하나님 제 주위에 있는 모든 사람들에게 당신의 다스리심이 임하게 하옵소서."

하나님 나라의 건설이 이루어져야 할 영역은 크게 세 곳입니다. 사람과 인격과 일이라는 영역입니다.

첫째는 사람입니다. 하나님 나라는 가장 먼저 한 사람 한 사람에게 임합니다. 그래서 회개는 '주권교체'와 같습니다. 주인이 바뀌는 것입니다. 한 사람이 예수를 믿는 순간 그 사람의 주인이 세상에서 하나님으로 바뀝니다. 하나님 나라의 확실한 교두보는 사람입니다. 한 사람이 하나님의 통치를 받기 시작하면 그가 걸어 다니고, 그가 하는 모든 일이 하나님의 영역 안에 들어오게 됩니다. 그러므로 먼저 그 나라를 구하려는 자는 다른 무엇보다 전도하기에 힘써야 합니다. 전도만큼 확실한 하나님 나라의 확장도 없습니다.

선교는 영적 전쟁입니다. 사단의 무리와 세상을 장악한 어둠의 세력에 대항하여 싸우는 싸움입니다. 한 사람이 회개하고 주님 품으로 돌아오는 순간 하늘의 사령부에서는 잔치가 벌어집니다. 마치 고지를 점령한 것처럼 그 위에는 예수님의 깃발이 꽂아집니다. 한 사람 한 사람을 예수의 이름으로 무릎 꿇게 하여 마침내 온 인류가 예수님을 믿게 되는 날, 그 날이 바로 하나님 나라가 이땅에 온전히 임하는 날이 될 것입니다.

둘째는 인격입니다. 우리가 예수님을 믿는 순간 주권이 하나님에게로 넘어갔지만 우리 마음속에는 여전히 하나님의 통치를 거부하는 악한 습성들이 남아 있습니다. 빛의 통치를 받는 부분이 어둠의 통치를 받는 부분에 대항하는 싸움입니다. 이는 달리 '성화(聖化)'의 과정이라고도 부릅니다. 자신 안에 있는 어둠의 습관들이 사랑과 희락과 화평과 오래 참음과 자비와 양선과 충성과 온유와 절제라는 성령의 아홉 가지 열매로 바뀌어가는 것이 성화입니다. 이것이 곧 우리 안에서 하나님 나라가 확장되는 것입니다. 내가 날마다 죽는 만큼 하나님 나라는 내 안에서 자라납니다.

50, 60년대 유명한 부흥사였던 이성봉 목사님에게 누군가가 천국이 어디 있느냐고, 한 번 보여 보라고 비아냥댄 적이 있습니다. 그러자 이 목사님은 "천국 본점이야 내 소관이 아니니까 보여드릴 수 없고 지점은 보여드릴 수 있는데 내 마음이 곧 천국이다"라고 말씀하셨다고 합니다. 천국은 내 안에 있습니다. 불평 대신 감사로 채워지고, 슬픔과 탄식 대신 기쁨과 찬양으로 바꾸어지는 곳에 하나님 나라는 계속해서 자라고 있습니다.

셋째는 일입니다. 자기가 현재 하고 있는 일에 하나님의 통치가 미치도록 해야 합니다. 사업자는 그 사업이 하나님의 통치 안에 속하도록 만들어야 합니다. 하나님의 법과 방식을 따라서 경영하고 하나님의 영광을 위하여 운영되도록 하는 것이 곧 그 사업장에 하나님 나라가 임하도록 만드는 것입니다. 노동자도 마찬가지입니다. 우리의 상전은 하늘에 계신 아버지입니다. 우리는 그분의 뜻과 지침에 따라서 일을 해야 합니다. 그 직장이나 사업장이 하나님의 법칙대로 운영되지 않는다면 아무리 많은 신앙인들이 그곳에서 일하고 있을지라도 그곳은 하나님 나라가 아닙니다. 그것은 마치 이스라엘 백성이 애굽 땅에 사는 것과 같은 불안한 동거입니다. 우리에게는 하나님 말씀의 원리를 따라 살아가든지 아니면 신앙인임을 감추고 세상의 원리에 지배받으며 살든지 둘 중에 하나의 선택이 있을 뿐입니다.

우리가 하나님 나라 확장을 위한 싸움에서 가장 실패를 많이 하고 있는 영역이 바로 이 일터라는 곳입니다. 현재와 같은 삶의 태도로는 한국 사회에 신앙인들의 숫자가 25퍼센트에 달하고 아니 30-40퍼센트에 달한다 할지라도 이 땅은 변하지 않을 것입니다. 우리는 일주일 중 단 하루만 승리하고 나머지 시간은 실패하고 지는 싸움을 하고 있습니다. 그래서 요즘은 '일터교회'라는 말도 나오고 있습니다. 우리가 하고 있는 일과 일터를 천국으로 만들자는 운동입니다. 지역교회보다 일터교회가 더 소중합니다. 하나님은 우리를 '세상의 빛'으로 부르셨지 '교회의 빛'으로 부르신 것이 아닙니다. 우리가 빛을 발하여야 할 곳은 세상입니다. 우리가 세상을 변화시킨 만큼 하나님 나라는 이 땅 위에 임하게 될 것입니다.

만군의 여호와여, 우리는 그리스도의 군사들입니다. 우리에게 이 땅을 맡기시니 감사합니다. 세상 나라가 강력하게 저항하지만 마침내 그리스도의 나라가 승리할 것을 믿습니다. 주여, 성령의 능력을 더하사 빛의 자녀가 가는 곳마다 어둠은 물러가고 주님의 나라가 임하게 하옵소서. 소금은 3퍼센트의 적은 분량으로도 온 바닷물을 짜게 하며 부패를 막습니다. 우리 그리스도인들이 이 3퍼센트의 소금이 되어 우리 사회의 부패를 막게 하옵소서. 한 사람을 향한 우리의 진실한 사랑이 세상을 밝히는 희망의 등불이 되게 하옵소서. 주의 자녀들이 하나님의 말씀과 방식대로 살아 우리나라가 천국 같은 나라 되게 하옵소서. 무엇보다 어둠의 권세 아래 포로로 잡혀 있는 우리 이웃들을 불쌍히 여겨주옵소서. 속히 해방시켜 그들이 세상을 밝히는 또 하나의 빛과 소금이 되게 하옵소서.

묵상과 나눔

❶ 자신의 기도에서 하나님 나라를 위한 기도는 어느 정도 비중을 차지하고 있는지 나누어 봅시다.

❷ 당신은 하나님의 나라가 이루어 질 것을 기대하고 있습니까? 그 기대로 세상의 것들에 연연하지 않고, 그 나라와 그 의를 이루는 삶을 살아가려는 몸부림이 있습니까?

❸ 본문에서 언급한 하나님 나라가 건설되는 세 영역에 대해서 정리하고, 자신은 하나님 나라의 군사로서 각 영역에서 어떻게 싸우고 있는지 나누어 봅시다.

7

하늘 뜻을 품은 기도

뜻이 이루어지이다

인간은 의미를 먹고 삽니다. 아무리 힘든 고난이라도 의미만 있다면 견딜 수 있습니다. 니체의 말처럼 '왜 사는지를 아는 사람은 어떤 고난도 이겨낼 수 있' 습니다. 그런 점에서 인류 역사는 마치 한 편의 드라마틱한 연극 같습니다. 위기의 때도 있고 어둠이 가득하여 도무지 희망이 없어 보이는 때도 있습니다. 그러나 우리는 이 때문에 절망하지 않습니다. 그것은 그 연극 각본을 쓴 분이 우리 하나님임을 잘 알고 있기 때문입니다. 우리 인생이라는 무대에 등장하는 모든 만남과 사건들, 그리고 그곳을 장식하고 있는 모든 무대 소품들 중에 하나라도 우연히 그곳에 있게 된 것은 없습니다. 다 위대한 극작가의 손에서 필연처럼 계획된 것들입니다. 더욱이 그 극작가는 무능력하거나 무책임한 분이 아닙니다. 그분은 선하고 정의로우며, 또한 우리를 사랑하며 축복하길 원하시는 분입니다. 결국에는 하나님의 뜻대로 선이 승리하고, 평화와 안식으로 그 연극은 종결될 것입니다.

하늘 뜻이 이 땅 위에

주기도의 세 번째 간구는 "뜻이 하늘에서 이룬 것 같이 땅에서도 이루어지이다"입니다. 여기에서 '뜻'은 하나님의 뜻입니다. 하나님의 뜻은 하나님의 계획이나 의도를 말합니다. '하늘에서 이룬 것 같이'를 오해하여 마치 하늘에서는 이미 그 뜻이 이루어졌고, 이제는 땅에서만 이루어지면 된다는 의미의 기도가 아닙니다. 하늘과 땅을 포함하여 이 온 피조세계를 향하여 품고 있는 하나님의 뜻이 있습니다. 마치 그것은 우주의 설계도와 같은 것이고 우주의 존재 목적입니다. 이 기도는 하나님의 플랜대로 하나하나 그 계획들이 이 역사 위에 이루어져 마침내는 하나님의 최종 플랜인 하나님 나라가 임하기를 바라는 기도입니다. 우리는 하나님의 뜻을 이루어 가는 도구로 부름을 받았습니다. 이 세 번째 간구는 우리가 어떤 존재이며 우리 기도의 초점을 어디에 두어야 하는지 깨닫게 합니다. 우리는 자기 마음대로, 자기 뜻대로 사는 존재가 아닙니다. 기도는 자기 소원만을 간구하는 것이 아닙니다. 기도는 무엇보다 하나님의 뜻을 발견하고, 하나님의 뜻을 실현하려는 것이 되어야 합니다.

하나님의 뜻이 실현되어야 할 장소는 무엇보다도 이 '땅'입니다. 하나님은 땅에 관심이 있습니다. 어떻게 보면 주일 하루보다 평일의 여섯 날이 더 중요합니다. 주일은 교회에서 새 힘을 공급받는 날입니다. 이 힘으로 나머지 여섯 날 동안 하나님의 뜻이 실현되도록 노력합니다. 우리에게는 교회라는 공간보다 세상이라는 더 넓은 공간이 중요합니다. 신앙인들이 세상이라는 넓은 땅을 포기하고 교회라는 좁은 공간에 안주하려는 것은 문제가 있습니다. 예수님은 "하늘과 땅의 모든 권세를 내게 주셨으니 그러므로 너희는 모든 족속에게로 가라"(마 28:18-19)고 명령하고 있습니다. 예수님은 교회의 머리만이 아니라 온 세상과 만물의 주인입니다.

우리의 선교지는 세상이며 땅 끝입니다. 그런 점에서 교회는 성을 쌓아서는 안 됩니다. 주님은 교회를 향해 '땅 끝까지'(행 1:8) 가라고 명령하십니다. '온 천하'(막 16:15)로 다니라고 하며, '모든 족속'(마 28:19)에게로 가라고 지시하십니다. 교회는 땅 끝까지 이르러 하늘 뜻을 전해야 할 책임이 있습니다. 우리의 목적지는 세상입니다. 그런 점에서 교회는 기동대요, 별동대요, 기마병들이 되어야 합니다.

징기스칸이 몽고를 다스릴 당시 전백성은 채 2백만 명이 되지 않았습니다. 그런데 그들이 온 아시아와 유럽을 휩쓸었습니다. 그들 모두 탁월한 기마병들이었기 때문입니다. 기마병들을 주축으로 기동전을 펼쳤기에 대제국을 건설할 수 있었습니다. 만약 그들이 성에 갇혀 있고, 정착해 있고, 거추장스런 안전도구들에 매여 있었다면 그런 엄청난 일을 해내지 못했을 것입니다. 징기스칸은 "성을 쌓는 자는 망하고 길을 닦는 자는 흥한다"는 진리를 실전으로 보여준 영웅이었습니다. 초대교회도 마찬가지였습니다. 그들이 적은 숫자를 가지고 짧은 시간 내에 로마제국을 정복할 수 있었던 것은 교회를 성으로 인식하지 않고 세상을 향한 전초기지로 생각했기 때문입니다.

땅이 혼돈하고 공허하며

하나님의 뜻이 실현되어야 할 곳은 바로 이 땅, 이 역사입니다. 구약 이스라엘 백성들의 가장 주된 관심은 하나님의 뜻이 이 땅에 실현되는 것이었습니다. 성루의 높은 파수대에 올라 선지자 하박국이 탄식했던 것도 하나님의 뜻이 실현되지 않는 것에 대한 안타까움 때문이었습니다. "여호와여 내가 부르짖어도 주께서 듣지 아니하시니 어느 때까지리이까 내가 강포를 인하여 외쳐도 주께서 구원치 아니하시나이다 어찌하여 나로 간악을 보게 하시며 패역을 목도하게 하시나이까 대저 겁탈과 강포가 내 앞에 있고 변론과 분쟁이 일어났나이다"(합 1:2-3).

이스라엘이 꿈꾸었던 나라는 이사야가 미리 보았듯이 하나님의 율법이 온 땅에 충만한 세상이었습니다. "나의 거룩한 산 모든 곳에서 해됨도 없고 상함도 없을 것이니 이는 물이 바다를 덮음같이 여호와를 아는 지식이 세상에 충만할 것임이니라"(사 11:9). 이스라엘이 보았던 혼돈과 공허, 빛 하나 볼 수 없는 흑암은 다름 아닌 하나님 말씀이 온전히 실현되지 않고 불법만이 판치는 역사의 혼돈과 공허요 흑암이었습니다. 그러므로 창세기 1장 2절의 "땅이 혼돈하고 공허하며 흑암이 깊음 위에 있고 하나님의 신은 수면에 운행하시니라"는 말씀의 '땅'을 '역사'로 바꾸어 읽을 때 그 의미는 더 뚜렷하게 살아납니다. "역사가 혼돈하고 공허하며 흑암이 깊음 위에 있고 하나님의 신은 수면에 운행하시니라." 역사가 혼란스럽고 정의롭지 못한 것 같지만 이스라엘은 이 때문에 절망하지 않았습니다. "빛이 있으라"(창 1:3)는 우주의 주권자이신 하나님의 위대한 능력의 말씀이 울려 퍼지는 그 날, 흑암이 떠나고 혼돈의 물들이 달아나듯, 역사엔 질서가 잡히고 빛이 임할 것을 믿었기 때문입니다.

우리나라 신앙 위인 중에 이런 하나님의 뜻을 위해 살았던 분이 있습니다. 일제 시대 활동했던 '김교신'이란 분입니다. 김교신 선생은 처음으로 '성서조선'이란 말을 만들어 냈던 분이기도 합니다. 그의 소망은 조선을 성서 위에 놓는 것이었습니다. 성서는 하나님의 뜻이 계시되어 있는 유일한 책입니다. 그러므로 김교신 선생의 성서조선 운동은 하나님의 뜻을 조선 땅에 실현하고자 하는 운동이었다 할 것입니다. "우리는 다소의 경험과 확신을 가지고 오늘의 조선에 줄 바 가장 귀한 선물은 신기하지도 않은 『구약성서』와 『신약성서』 한 권이 있는 줄 알 뿐이다." 그는 『성서조선』이란 잡지를 간행했는데 이 '성서조선'이라는 이름을 이렇게 설명하였습니다. "다만 우리 마음의 전부를 차지하는 것은 '조선'이라는 두 글자이고 애인에게 보낼 최고의 선물은 '성서' 한 권뿐이니 양자의 어느 하나도 버리지 못하여 된 것이 그 이름이었다."

『성서조선』지는 혹독한 겨울에 살아남은 연못 속의 개구리를 보며 "아, 전멸은 면했구나"라는 글을 올렸다가 일제에 의해서 1942년에 폐간되고 맙니다. 김교신 선생은 이 일로 1년간 옥살이를 합니다. 그 후 선생은 흥남질소 비료 공장으로 내려가 기숙사 사감으로서 노동자들과 함께 지냅니다. 당시 전염병 환자들이 많았는데 선생은 자기 몸을 아끼지 않고 그들을 돌보다 동일한 열병으로 1945년에 죽음에 이릅니다. 김교신 선생의 성서조선의 비전은 오늘날 성서한국, 통일한국, 선교한국의 비전으로 계승되고 있습니다.

성장과 경쟁, 물질과 탐욕, 분단과 갈등, 개인주의와 안정이라는 시대적 가치들이 한국사회를 점령하고 있습니다. 이런 세상의 가치관을 하나님 사랑과 사람 사랑, 정직과 존중, 섬김과 봉사, 이타성과 공동체, 인류애와 세계평화. 도전과 꿈 등 성서의 정신으로 바꾸어 가는 것이 성서한국 운동입니다. 성서한국 운동은 곧 하나님의 뜻을 이 땅 위에 실현하라는 주님의 명령에 순종하는 운동입니다.

피조물의 탄식

두 번째 하나님의 뜻이 실현되어야 할 곳은 바로 이 땅, 곧 자연만물입니다. 피조물들도 또한 하나님의 뜻이 실현되기를 간절히 바라고 있습니다. 로마서 8장 21절은 이렇게 말씀합니다. "그 바라는 것은 피조물도 썩어짐의 종노릇 한 데서 해방되어 하나님의 자녀들의 영광의 자유에 이르는 것이니라." 피조물이 썩어짐의 종노릇 하고 있습니다. 곳곳에 기상재해와 지진이 일어나고 강한 동물이 약한 동물을 잡아먹고 자연과 인간 사이에 갈등이 있고 환경 파괴로 가는 것은 하나님의 원래 뜻이 아닙니다. 인간이 죄를 범한 이후 피조물 또한 허무한 데 굴복하고 말았습니다.

이사야서에서는 메시야가 온 우주에 가져다 줄 영광의 자유에 대해서 다음과 같이 묘사하고 있습니다. "그 때에 이리가 어린 양과 함께 거하며 표범이 어린 염소와 함께 누우며 송아지와 어린 사자와 살진 짐승이 함께 있어 어린아이에게 끌리며 암소와 곰이 함께 먹으며 그것들의 새끼가 함께 엎드리며 사자가 소처럼 풀을 먹을 것이며 젖 먹는 아이가 독사의 구멍에서 장난하며 젖 뗀 어린아이가 독사의 굴에 손을 넣을 것이라 나의 거룩한 산 모든 곳에서 해됨도 없고 상함도 없을 것이니"(사 11:6-9). 창조 당시에 하나님의 말씀이 임하자 혼돈과 공허와 흑암이 물러가고 질서와 충만함과 빛이 온 우주에 가득했습니다. 그와 마찬가지로 하나님의 뜻이 온전히 이 땅에 실현되는 날, 자연계에는 완전한 평화와 안식이 주어질 것입니다.

그러므로 하나님의 뜻이 이 땅에 이루어지기를 기도하는 자는 자연을 남용하거나 환경을 오염시키지 않습니다. 동물들을 학대하지 않으며 그들을 보호하며 친구가 되려고 합니다. 장차 이루실 하나님의 뜻을 잘 알기 때문입니다. 미래는 아직 이루어지지 않았지만 이미 미래의 힘은 현재에 영향을 미치고 있습니다.

『성 프란치스꼬의 잔 꽃송이』란 책에는 성 프랜시스가 행했던 여러 기이한 행적들이 나옵니다. 성 프랜시스가 새들 앞에서 설교하자 새들이 그 앞에 모여 머리를 조아리며 하나님 말씀을 들었던 일도 있었습니다. 어느 마을에 가서는 사람을 해치는 사나운 늑대를 향하여 성 프랜시스가 다음과 같이 명령합니다. "이리 오너라. 내 형제 늑대야, 그리스도의 이름으로 명하니 나도 또 다른 누구도 해치지 말아라." 이 명령에 순종하여 늑대는 그 잔인함을 버리고 온순한 양처럼 변합니다. 마치 전설 같은 이야기지만 이런 기사들이 시사해주는 바가 있습니다. 성자의 사랑은 사람을 사랑하는 것을 넘어 자연에 대한 사랑으로까지 확대되었다는 것입니다. 성 프랜시스는 '태양의 찬가'라는 그의 시에서 해를 '해 형제'라, 달을 '달 자매'라고 부를 정도입니다.

하나님의 뜻은 인간을 넘어 온 우주 만물을 향하고 있습니다. 하나님의 뜻이 이 땅 위에 이루어지도록 간구하는 기도는 실상은 우주의 종말을 앞당기는 기도이기도 합니다. 하나님의 이름이 거룩히 여김을 받을 때가 언제인가? 하나님 나라가 온전히 임할 때는 언제인가? 하나님의 뜻이 완전히 실현되는 때는 언제인가? 바로 종말의 때입니다. 이 땅 위에 새 하늘과 새 땅이 임하는 때가 바로 그 날입니다. 그 날이 되면 온 우주에 진정한 평화와 안식이 임할 것입니다. 그래서 초대교회의 마지막 인사는 언제나 '마라나타', 곧 "아멘 주 예수여 오시옵소서"(계 22:20)였습니다.

하늘 뜻을 성취하는 인생

세 번째 하나님의 뜻이 이루어져야 하는 곳은 무엇보다 내 인생이라는 땅에서입니다. 우리 한 사람 한 사람은 이 땅에 태어날 때 하나님의 뜻을 가지고 태어납니다. 어느 누구도 예외가 없습니다. 이 뜻을 소명 곧 부르심(calling)이라고 합니다. 이 땅에 사는 동안 우리가 반드시 해야 될 일이 있습니다. 자기를 향한 하늘의 뜻을 발견한 사람은 행복한 사람입니다. 예수님은 하늘의 뜻을 실현하는 것을 자기의 양식으로 삼았습니다. "예수께서 이르시되 나의 양식은 나를 보내신 이의 뜻을 행하며 그의 일을 온전히 이루는 이것이니라"(요 4:34). 예수님은 짧은 생애를 살고 십자가라는 고난의 길을 가셨지만 그것이 자기가 짊어져야 할 하늘의 뜻이었기에 행복한 삶을 사셨습니다.

사실 주님께서 우리에게 하늘 뜻이 이루어지기를 기도하라고 하는 이유는 다름 아닌 우리의 행복을 위해서입니다. 어떤 물건을 만들 때는 그것을 만드는 목적이 있습니다. 그 물건은 그 목적에 맞게 쓰임 받을 때 가장 적합하고 최선의 역할을 할 수 있습니다. 우리 인생도 마찬가지입니다. 자기 마음대로 살면 행복할 것 같은데 그렇지 않습니다. 오히려 하늘 뜻에 맞추어 살 때 우리 인생은 행복하고 가장 풍성한 열매를 맺습니다.

직업이 바로 그렇습니다. 하나님께서 우리에게 계획하신 일이 있습니다. 그래서 그것을 천직(天職)이라고 합니다. 이 하늘이 정해 준 직업을 발견한 사람은 보통 다음 세 가지 반응을 보입니다. 첫째는 즐겁습니다. 둘째는 잘합니다. 셋째는 보람됩니다. 자기에게 맞고 원하는 일이기 때문에 즐겁습니다. 즐겁게 일하기 때문에 잘합니다. 또 하나님의 모든 부르심이 그렇듯이 그 직업을 통해 사회나 다른 사람에게 도움이 되고 봉사할 수 있기에 보람 됩니다.

사람들이 직업을 가지고 흔히 혼란스러워 하는 것은 좋아하는 일과 잘하는 일이 충돌할 때입니다. 보통은 이 두 가지가 일치하지만 둘이 충돌할 때는 먼저 잘하는 쪽을 택하는 것이 지혜롭습니다. 잘한다는 것은 하나님께서 그 방면에 은사를 주셨을 가능성이 높기 때문입니다. 좋아한다는 것은 자기 뜻이나 감정이 앞설 경우가 많습니다. 먼저 잘하는 쪽을 택해서 직업을 삼고 나면 그것을 바탕으로 나중에 좋아하는 것을 할 기회가 주어집니다.

이렇듯 하늘의 뜻을 따라 살면 즐겁고 행복하며 열매가 풍성한 삶을 삽니다. 우리 고전에도 "순천자(順天者)는 흥하고 역천자(逆天者)는 망한다"는 말이 있습니다. 곧 하늘의 뜻을 따르는 자는 흥하고 하늘의 뜻을 거스르는 자는 망한다는 뜻입니다. 남북전쟁에 임했던 링컨의 태도도 그러했습니다. 남북전쟁이 처음 시작되었을 때 처음에는 북군이 계속 패배했습니다. 그러다 북군이 첫 승전을 하게 되었을 때 그 승전보를 전하면서 참모가 이렇게 말했습니다. "대통령 각하! 이제부터 아무 염려하지 마십시오. 하나님은 우리 북군 편입니다." 그 말을 들은 링컨은 이렇게 대답했다고 합니다. "오직 나의 염려는 내가 하나님 편에 서 있는가 하는 것일세. 우리가 하나님을 향해 서 있기만 하면 언제나 하나님은 우리 편이 되어 주신다네." 링컨은 승리의 비결을 알고 있었습니다. 하나님의 편에 서 있는 자가 승리하게 되어 있습니다.

하나님은 우리에게 뜻을 주시는 하나님이십니다. 이것을 다른 말로 '비전'이라고 합니다. 비전은 하늘 뜻을 품는 것입니다. 하나님께서 우리에게 이 비전을 던져줄 때 우리 가슴이 불타오르기 시작합니다. 이 하늘 뜻을 성취하는 길은 즐겁지만 쉽고 편한 길은 아닙니다. 때로는 모험이 필요하고 고난도 감수해야 합니다. 그래서 '뜻이 하늘에서 이룬 것 같이 땅에서도 이루어지이다' 하는 기도는 더 절실해질 수 밖에 없습니다.

하나님은 아브라함에게 나타나셔서 "네 본토 친척 아비 집을 떠나 내가 지시할 땅으로 가라"(창 12:1)고 비전을 주셨습니다. 하나님의 뜻은 아브라함이 기존의 땅을 떠나 다른 세계로 나아가는 것이었습니다. 이에 아브라함은 본토 친척 아비집의 안락함을 버리고 하나님의 뜻을 좇아 미지의 세계로 나아갔습니다. 창세기에 보듯 하늘의 뜻을 좇는 아브라함의 삶은 성공했습니다. 그가 하늘 뜻을 향해서 나아가지 않았던들 그는 아들도 없고 이름도 알려지지 않은 초라한 한 늙은이로 인생을 마쳤을 것입니다. 그러나 그가 하나님의 뜻을 좇아 나아갔을 때 그는 믿음의 조상이요, 열국의 아비요, 세상에서 가장 유명한 자 중 하나가 되었습니다.

이스라엘 백성들에게도 가나안 땅을 향하여 나아가라는 하늘 뜻이 주어졌습니다. 하나님께서 원하시는 삶은 물질과 사람에 매인 노예적인 삶이 아니었습니다. 새로운 땅을 개척하고 새 나라를 세우는 자유인의 삶이었습니다. 그러나 이들 중에는 애굽에 대한 미련을 버리지 못하고 하나님의 뜻보다는 자기의 생각과 경험을 의지하는 사람들이 있었습니다. 이런 사람들의 특징은 원망과 불평입니다. 자기를 의지하기 때문입니다. 결국 이들은 시내산에서는 우상을 섬겼고, 가데스바네아에서는 하나님을 신뢰하지 못함으로 약속의 땅에 들어가지 못하고 광야에서 죽고 맙니다. 그러나 하나님의 뜻에 순종했던 여호수아와 갈렙은 가나안 땅이라는 약속의 땅에 들어갑니다. 비전을 따르는 자는 흥하고 비전을 버리는 자는 망하게 되어 있습니다.

요즘 청년들은 모험을 잘 하려 하지 않습니다. 눈에 보이는 좋은 곳으로만 가려하지 보이지 않는 하나님의 뜻을 좇아 광야로 나아가는 사람이 별로 없습니다. 이스라엘이 쉬운 길로만 좇아갔다면 오늘날 이스라엘의 이름을 기억할 사람은 아무도 없었을 것입니다. 그들은 아마 역사에서 애굽의 노예종족들 중 하나로 그 운명을 끝냈을 것입니다. 그러나 하나님의 뜻을 이루려는 삶을 살기로 결심하고 광야로 나아갔을 때 그들은 위대한 민족이 되었습니다. 하늘의 뜻을 따르는 자는 흥하고 그렇지 않는 자는 쇠하게 되어 있습니다.

하늘 뜻을 구하는 기도

그런데 우리들의 문제는 하나님의 뜻을 아는 것이 쉽지 않다는 점입니다. 성경에 명확히 지시되어 있는 것은 그대로 순종하면 됩니다. 그러나 우리 인생에서 결정적으로 중요한 문제인데 성경 말씀에는 명확히 지시되어 있지 않은 것들이 많습니다. 예컨대 어느 직업을 선택할 것인가, 나의 배우자는 누구이며, 지금 닥친 문제에 대한 하나님의 뜻은 무엇인가 등의 문제들이 그렇습니다.

그렇기 때문에 주님은 주기도라는 모범 기도문을 통해 우리에게 이 문제를 놓고 부지런히 기도할 것을 명하고 있습니다. 하나님의 뜻은 처음에는 흐릿하지만 계속 기도하고 순종하다 보면 점차 뚜렷해지기 시작합니다. 예수님도 겟세마네 기도에서 처음에는 "내 아버지여 만일 할 만하시거든 이 잔을 내게서 지나가게 하옵소서"(마 26:39) 하고 기도했습니다. 아마 이 기도를 예수님은 오랜 시간 하셨을 것입니다. 그러나 기도가 깊어지자 성령님께서 그 기도를 하나님의 뜻을 간구하는 기도로 바꾸어 주십니다. "그러나 나의 원대로 마옵시고 아버지의 원대로 하옵소서." 기도는 우리 안에 계신 성령님께서 이끌어 가십니다. 우리가 성령님에 대한 굳건한 신뢰를 가지고 기도한다면 그분께서 깨닫게 해주실 것입니다.

기도의 대가 중에 평생 동안 5만 번 기도 응답을 받았던 조지 뮬러가 있습니다. 조지 뮬러는 항상 하나님의 뜻을 위해 기도했고, 그 하나님의 뜻은 반드시 응답되었습니다. 조지 뮬러의 생애는 요한복음에서 예수님께서 약속하셨던 말씀을 성취한 삶이었습니다. "너희가 내 안에 거하고 내 말이 너희 안에 거하면 무엇이든지 원하는 대로 구하라 그리하면 이루리라"(요 15:7). '너희가 내 안에 거하고 내 말이 너희 안에 거하면'이라는 말씀은 곧 하나님의 뜻대로 하는 기도라 할 것입니다. 실제 조지 뮬러는 무릎을 꿇고 성경을 백독한 사람이었습니다. 그는 항상 하나님 말씀에 비추어 자신의 기도 내용이나 응답을 확인하였습니다. 하나님의 뜻 안에서 드리는 기도였기에 그의 기도는 항상 응답을 받을 수밖에 없었습니다.

어느 날 조지 뮬러는 사랑하는 외동딸이 발진티푸스로 죽어가는 위기를 맞았습니다. 그는 그때도 하나님께 간절히 기도했습니다. 기도하자 이런 확신이 들었다고 그의 전기에서 기록하고 있습니다. "내 마음은 완전히 평안했고 우리 아이와 우리에게 하나님께서 가장 좋은 것을 주실 것이라는 확신이 들었다." 심지어 하나님께서 '이 아이를 내게 바칠 각오가 되어 있느냐?'고 묻고 계신다는 감동이 들었을 때조차 조지 뮬러는 이렇게 기도했습니다. "하늘에 계신 내 아버지시여 당신에게 좋다면 당신 뜻대로 하시옵소서." 뮬러가 하나님 뜻이라면 그 생명을 주신 주님께 자기 외동딸을 돌려보낼 마음의 자세가 되어 있자 하나님은 마치 번제단에서 아브라함이 바쳤던 이삭을 살려내시듯 그 외동딸을 살려주셨습니다. 뮬러는 그때가 자기 인생에서 가장 큰 시험 중 하나였다고 고백하며 이렇게 말했습니다. "나는 하나님의 뜻 안에서 기뻐할 수 있었다. 만일 사랑하는 내 딸을 하나님께서 데려가신다면 우리 딸을 살리는 것보다 그것이 더 하나님께 영광이 되기 때문에 그렇다는 확신이 있었다."

하나님의 뜻은 하나님의 뜻에 순종할 각오가 되어 있는 자에게 주어집니다. 우리들이 하나님의 뜻을 잘 깨닫지 못하는 주된 이유는 무엇보다 자기 욕심과 자기 생각이 강하기 때문입니다. 자기 욕심이나 생각이 가득 차 하나님의 말씀을 못 듣기 때문입니다. 또한 하나님께서 반드시 응답하신다는 확신이 부족해서이기도 합니다. 확신이 부족하기 때문에 열심히 기도하지 않습니다. 기도하다가도 쉽게 포기해버립니다. 우리를 향하신 하나님의 뜻을 받기까지는 믿음으로 기다리며 인내하는 시간이 필요합니다.

그래서 하늘 뜻을 얻는 기도의 단계는 다음과 같습니다. 첫째, 자기 생각을 내려놓아야 합니다. 둘째, 믿음으로 간구해야 합니다. 셋째, 이렇게 기도하다보면 우리 마음 가운데 소원이 생기고 마음에 평안이 임합니다. 넷째, 그 소원을 말씀으로 확인시켜 주십니다. 다섯째, 그에 합당한 사람을 보내주시고 상황이나 환경이 거기에 맞도록 돌아갑니다. 아마 처음부터 명확히 하나님 뜻을 알기는 어려울 것입니다. 그렇다할지라도 하나님의 뜻을 구하는 기도를 계속 해야 합니다. 그런 과정에서 우리의 인생은 하늘 뜻을 이루는 인생으로 변화되어 갑니다.

아버지의 뜻을 행하는 것이 예수님의 양식이었습니다. 이처럼 주님의 뜻을 행하는 것이 우리의 양식이 되게 하옵소서. 모든 우주와 자연, 인생과 역사 가운데 하나님의 뜻이 있음을 믿습니다. 혼돈과 공허와 어둠이 우리를 지배하고 있는 것 같지만 우리는 염려하거나 두려워하지 않습니다. 하나님의 신이 수면 위를 운행하시듯 주님의 위대한 손이 새 창조의 역사를 준비하고 계심을 믿기 때문입니다. 하나님의 뜻이 완전히 실현되는 그 마지막 때를 우리는 사모하며 기다립니다. 그때에는 더이상 불의와 굶주림이 없을 것이며 해함도 상함도 없을 것입니다. 그때에는 평화와 안식이 거하고, 우리는 완전한 지식 가운데 행하게 될 것입니다. 아직 많이 부족하고, 아직 많이 어리석고, 아직 많이 두렵습니다. 주님, 매일 조금씩이나마 당신의 뜻을 이루어 갈 수 있도록 도와주옵소서. 지혜의 영을 부어 주사 하나님의 뜻을 명확히 깨닫게 하옵소서. 순종의 영을 부어 주사 하나님의 뜻을 행하는 데 게으르지 않게 하옵소서.

묵상과 나눔

❶ 하나님의 뜻이 이루어져야 할 곳은 어디인지 본문을 읽고 정리해 봅시다. 자기 기도의 차원이 이처럼 우주와 역사를 포괄할 정도로 넓은지 서로 나누어 봅시다.

....

....

....

....

❷ 당신은 하나님의 나라가 이루어 질 것을 기대하고 있습니까? 그 기대로 세상의 것들에 연연하지 않고, 그 나라와 그 의를 이루는 삶을 살아가려는 몸부림이 있습니까?

....

....

....

....

8

불필요한 것을 제거하라

인생한 양식을 죽음시고

예부터 밥은 하늘이라고 하였습니다. 그만큼 인간에게 있어서 먹을 것에 대한 문제가 중요하다는 뜻입니다. 우리 하나님도 우리 먹을 것에 대한 관심이 아주 많으십니다. 그래서 하나님을 위한 간구가 끝나고 인간을 위한 간구가 시작되는 네 번째 간구에서 무엇보다 먼저 일용할 양식을 위해 기도할 것을 명령하십니다.

　그렇지만 사실 이 기도는 쉽지 않습니다. 우리는 이미 일용할 양식보다 더 많은 것들을 소유하고 있기 때문입니다. 그렇다면 기본적인 먹을 것이 해결된 오늘날에도 이 기도는 유용한 기도인가요? 네, 그렇습니다. 아니 더 중요해졌습니다. 이 기도가 물질에 대한 우리의 태도를 묻고 있기 때문에 그렇습니다. 예수님의 많은 비유와 교훈들이 물질에 대한 것들임을 우리는 잊지 말아야 할 것입니다. 어떤 부자와 거지 나사로의 운명을 바꾸고, 어리석은 부자와 삭개오의 운명을 갈랐던 것은 바로 물질에 대한 태도였습니다. 물질은 '맘몬', '주인'(마 6:24)이라 불릴 정도로 권세를 가지고 있습니다. 우리가 "일용할 양식을 주옵시고"라는 이 네 번째 간구를 제대로 드린다면 우리는 모두 바늘귀를 통과한 부자들이 될 수 있을 것입니다.

일용할 양식

먼저 단어들의 정확한 의미를 정의하고 넘어가는 것이 필요합니다. '오늘날'이라는 단어는 잘못하면 '요즘'으로 오해하기 쉽습니다. 정확한 번역은 '오늘날'이 아니고 바로 '오늘(today)'한 날입니다. 그래서 개역개정판은 "오늘 우리에게 일용할 양식을 주시옵고"라고 번역하고 있습니다. '일용할 양식'은 꼭 필요한 하루분의 양식을 말합니다. 다시 번역하면 "오늘 하루 우리에게 필요한 하루분의 양식을 주시옵소서"라는 기도입니다. 그런데 과연 우리가 이런 기도를 할 자격이 있을까요? 우리는 지금 너무 많은 것을 쌓아두고 있지는 않습니까? 그래서 이 기도는 마치 "일용할 양식을 주시옵소서" 하는 청원의 기도가 아니라 "일용할 양식으로 만족하게 하옵소서"라는 절제의 기도처럼 들립니다. 이 기도의 본래 의미를 가장 잘 설명하고 있는 것은 출애굽 당시의 만나 사건입니다.

이스라엘 백성들은 출애굽한 후 광야에서 40년을 보냈습니다. 광야에는 그 많은 사람들이 먹고 살기에 충분한 먹거리가 없었습니다. 그래서 하나님은 하늘로부터 만나와 메추라기를 내리게 하셔서 이스라엘 백성들을 먹이셨습니다. 만나는 매일 아침 이슬처럼 내리는 작고 둥근 서리 같은 것으로, 희고 꿀 섞은 과자 맛을 냈습니다. 하나님이 이 만나를 주는데 각 사람이 먹을 수 있는 딱 하루 분량만 줍니다. 성경은 이렇게 말씀합니다. "그 거둔 것이 많기도 하고 적기도 하나 오멜로 되어 본즉 많이 거둔 자도 남음이 없고 적게 거둔 자도 부족함이 없이 각기 식량대로 거두었더라"(출 16:17-18). 어떤 사람이 욕심을 내어 그것을 다음 날 아침까지 남겨두었더니 냄새가 나고 벌레가 나서 먹지 못하게 되었습니다.

하나님은 한꺼번에 많은 만나를 주실 수도 있었지만 그렇게 하지 않았습니다. 매일의 만나를 주심으로 하나님은 이스라엘 백성들에게 세 가지 훈련을 시켰던 것입니다. 그 첫째는 매일의 양식을 공급하시는 분이 하나님임을 깨닫게 하는 훈련입니다. 우리 먹을 것은 저절로 생기는 것이 아닙니다. 우리 노력의 결과로만 얻을 수 있는 것도 아닙니다. 그것은 전적으로 하나님의 은혜입니다. 이스라엘 백성들이 했던 일은 바가지만 들고 나가서 만나를 퍼오는 것뿐이었습니다. 오늘날 하늘에서 만나가 내리는 기적은 더 이상 일어나지 않습니다. 그렇지만 만나 사건은 여전히 우리에게 먹고 마시는 것이 모두 하나님의 은혜로 이루어짐을 상징적으로 보여 주고 있습니다.

실제 그렇습니다. 한 번 생각해 보십시오. 우리에게 생명을 주신 분이 누구입니까? 곡식 씨앗과 땅이라는 환경을 만드신 분이 누구입니까? 적절한 때에 햇빛과 비를 내리시는 분은 누구입니까? 우리가 가진 각종 지혜와 재능 또한 우리 노력으로 얻은 것만은 아닙니다. 다 부모로부터 물려받았고, 하나님이 주신 바입니다. 시장이라는 시스템도 그렇습니다. 시장이 있기에 거래가 가능한데 이 시장은 우리

혼자 힘으로 만든 것이 아닙니다. 여러 사람의 수고와 지혜와 오랜 전통이 시장을 만들어 냈습니다. 우리가 배불리 먹기까지 우리 노력은 1%에 지나지 않을지도 모릅니다. 하나님의 은혜와 여러 사람의 수고와 사회라는 제도가 있었기에 가능한 일입니다. 하나님은 만나 사건을 통해서 이것을 가르쳐주시고 있습니다. 그런데도 감사를 모르고 내 돈 내가 벌었으니 내 마음대로 써도 된다고 생각하면 뻔뻔한 짐승과 같다 할 것입니다. 그러므로 우리가 식사할 때마다 "하나님, 이 음식 주셔서 감사합니다"라고 기도하는 것은 지극히 당연한 일입니다. '오늘날 우리에게 일용할 양식을 주옵시고' 라는 기도를 통하여 우리는 매일 우리 한 끼 식사를 먹이는 분이 바로 우리 하나님임을 고백합니다.

둘째는 우리로 하나님 말씀으로 사는 법을 가르치기 위해서입니다. 신명기 말씀은 하나님께서 매일의 만나로 우리를 먹인 이유를 이렇게 설명하고 있습니다. "너를 낮추시며 너로 주리게 하시며 또 너도 알지 못하며 네 열조도 알지 못하던 만나를 네게 먹이신 것은 사람이 떡으로만 사는 것이 아니요 여호와의 입에서 나오는 모든 말씀으로 사는 줄을 너로 알게 하려 하심이니라"(신 8:3). 인간은 먹을 것에 매여 살기 쉬운 존재들입니다. 물질에 대한 두려움 때문에 때로는 비겁해지기도 하고 때로는 하나님 말씀조차 무시하기도 합니다. 먹는 문제는 정말 중요합니다. 하나님의 주된 관심사항도 우리 먹을 것에 대한 문제입니다. 그래서 주님은 주기도에서 우리를 위한 간구의 첫 번째 위치에 일용할 양식을 위한 기도를 놓고 있는 것입니다.

문제는 물질을 얻는 방식입니다. 이스라엘 백성들은 우상에게 절해야 풍요로울 수 있다고 생각했습니다. 비록 노예 신세지만 애굽에 거할 때 배불리 먹을 수 있다고 생각했습니다. 오늘날도 서로 속이고, 경쟁하고 남을 딛고 서야 물질을 얻을 수 있다는 물신주의 신화가 세상을 장악하고 있습니다. 정도(正道)를 좇아 살면 가난하게 되고, 정직한 자는 손해본다는 잘못된 가치관이 만연해 있습니다.

그러나 물질의 주관자는 하나님입니다. 하나님은 그분의 말씀대로 살려고 하는 자에게 복을 주십니다. 우리는 하나님 말씀과 물질 사이에서 우선순위를 분명히 해야 합니다. 물질은 하나님 밑에 있어야 합니다. 하나님은 시편에서 그의 사랑하는 아들 된 자에게 "네 소유가 땅 끝까지 이르리라"(시 2:8)는 축복의 약속을 주고 있습니다. "온유한 자, 주의 복을 받은 자, 의인이 땅을 차지한다"(시 37:11,22,29)고 분명히 약속합니다. 하나님 말씀대로 정직하게 살며 이웃을 사랑하며 사는 자, 말씀의 원리대로 기업을 운영하고 일하는 자, 충성된 청지기처럼 최선을 다하는 자에게 하나님은 필요한 양식을 공급하겠다고 약속하십니다.

이것이 바로 영적 투쟁입니다. 영적 투쟁은 곧 가치관 투쟁입니다. 물질을 섬겨야 부유하게 된다는 세상의 가치관과 하나님 말씀을 따라 사는 자가 형통하게 된다는 성경의 가치관의 투쟁입니다. 신비적이고 영적인 어둠의 세력을 대항하는 싸움은 오히려 쉽습니다. 대적하거나 피하면 그만입니다. 그 영향력도 소수에 그칩니다. 그러나 세상 가치관은 피할 수 없습니다. 학교 교육을 통해서 대중매체와 세상 사람들의 입을 통해서 끊임없이 주입되고 있습니다. 그래서 피 흘리기까지 싸워야 할 것은 바로 이 가치관 싸움입니다. 일용할 양식을 간구하는 기도는 물질을 공급하는 자가 바로 우리 주님임을 선언하는 기도입니다. 하나님 말씀으로 사는 자가 일용할 양식으로 배불림을 받고 형통케 된다는 선언입니다. 사람이 떡으로만 사는 것이 아니라 하나님 말씀으로 산다는 다짐입니다.

일용할 양식으로 만족하는 삶

셋째는 일용할 양식으로 만족하는 삶을 가르치기 위해서입니다. 우리들의 문제는 너무 많이 쌓아두는 데 있습니다. 더이상 자기에게는 불필요한데 자꾸 쌓아둡니다. 세상은 먹을 것이 한정되어 있습니다. 한쪽에서 쌓아두기 시작하면 다른 사람은 굶주리게 되어 있습니다. 물질을 끊임없이 축적하려는 사람은 물질의 노예가 됩니다. 곳간에 곡식이 가득하면 안심하고 그렇지 않으면 불안해합니다.

누가복음에 나오는 어리석은 부자의 모습이 그렇습니다(눅 12:16-21). 그 해에 소출이 풍성해서 곡식을 쌓아 둘 곳이 없을 지경에 이르렀습니다. 이 부자는 곰곰이 생각하다 지금의 곳간을 헐고 더 크게 짓고 모든 곡식과 물건을 그곳에 쌓아두기로 합니다. 이 모든 일을 다 마치고 그 부자는 스스로 만족하며 이렇게 말합니다. "여러 해 쓸 물건을 많이 쌓아 두었으니 평안히 쉬고 먹고 마시고 즐거워하자." 주님은 이 부자에 대해서 어리석다고 말씀합니다. 왜냐하면 오늘밤 그 목숨을 취해가면 그 예비한 것들이 다 다른 사람의 것이 되기 때문입니다. 그런데 사실 주님께서 어리석다고 말한 부자는 요즘 현대인들이 닮고 싶은 부자의 모습입니다. 현대 사회에서는 지혜로운 사람으로 존경받을만한 인물입니다.

사람의 평가보다 주님의 평가가 더 정확합니다. 최종 심판자는 주님이시기 때문입니다. 이 부자가 어리석은 이유는 두 가지입니다. 하나는 자기를 위하여 재물을 쌓아두고 하나님께 대하여는 부요하지 못했기 때문입니다. 하나님께 부요케 된다는 것은 곧 가난한 이웃을 향한 선행과 구제를 말합니다. "선한 일을 행하고 선한 사업에 부하고 나눠주기를 좋아하며 동정하는 자가 되게 하라 이것이 장래에 자기를 위하여 좋은 터를 쌓아 참된 생명을 취하는 것이니라"(딤전 6:18-19). 다른 하나는 가난한 자를 외면했기 때문입니다. 누가복음의 부자와 거지 나사로 비유에서 부자가 지옥에 간 이유는 다름이 아니라 자신은 호화로이 연락하면서도 가난한 나사로는 외면했기 때문입니다. 음부에서 고통중에 있는 이 부자를 향하여 천상의 아브라함이 이렇게 말합니다. "얘 너는 살았을 때에 네 좋은 것을 받았고 나사로는 고난을 받았으니 이것을 기억하라 이제 저는 여기서 위로를 받고 너는 고민을 받느니라"(눅 16:25).

현대는 과소비를 조장하는 사회입니다. 과소비에 행복이 있고 많이 쌓아 놓아야 영원히 구원받을 것 같은 착각을 불러일으킵니다. 물질의 노예가 된 우리들의 영혼도 문제지만 더 큰 문제는 우리가 쌓아 놓기 때문에 다른 사람이 굶주리게 된다는 사실입니다. 선진국에서는 곡식이 남아돌아 갈아엎고 심지어 바다에 버리기까지 합니다. 그러나 가난한 나라에서는 지금도 수천만 명의 사람들이 심각한 기아 상태에 있습니다. "네 찬장에서 썩고 있는 음식은 굶주린 자의 양식이라"는 성 바실리우스의 말씀에 귀 기울여야 할 때입니다.

우리 삶에 필요한 것은 단순성입니다. 특별히 물질 소비에 있어서 소박한 삶이 필요합니다. 몇 년 전에 나왔던 책 중에 『세계가 만일 100명의 마을이라면』이라는 책이 있습니다. 이 책은 2002년 전 세계 인구 63억 명을 100명의 마을로 축소했을 때의 경제적, 문화적 상태를 비교한 것입니다. 그 중 물질과 관련된 부분은 다음과 같습니다.

"세계가 만일 100명의 마을이라면 20명은 영양실조요, 1명은 굶어 죽기 직전입니다. 그런데 15명은 비만입니다. 80명은 적정수준 이하의 주거환경에 살고 있습니다. 6명이 이 마을의 모든 부의 59퍼센트를 가졌습니다. 74명이 나머지 39퍼센트를 차지하고 나머지 겨우 2퍼센트를 20명이 나눠 가졌습니다. 자가용을 가진 사람은 100명 중 7명 안에 드는 부자입니다. 겨우 단 한 명만 대학교육을 받았고 컴퓨터를 가진 사람은 2명입니다. 14명은 글도 읽지 못합니다.

이렇게 생각하면 좋은 집에 살고 먹을 게 충분하고 이 글을 읽을 수 있는 사람이라면 아주 선택받은 사람입니다. 거기다 컴퓨터까지 가지고 있다면 굉장한 엘리트입니다. 냉장고에 먹을 것이 있고 몸엔 옷을 걸쳤고 머리 위로는 지붕이 있어 잠잘 곳이 있는 사람이라면 이 세상 75퍼센트의 사람보다 더 풍요로운 생활을 하고 있는 것입니다."

우리나라도 물질적으로는 과거와 비교할 수 없을 정도로 풍요로워졌습니다. 그렇지만 우리의 삶은 오히려 옛날보다 더 각박해지고 여유가 없어졌습니다. 물질에 대한 욕심은 끝이 없습니다. 물질은 소유하면 할수록 우리를 더 목마르게 만듭니다. 주님께서 우리에게 일용할 양식만을 위해 기도하라고 가르치신 까닭은 우리로 물질에서 자유한 인생이 되길 원해서입니다.

이런 점에서 사도 바울의 물질에 대한 태도는 본받을 만합니다. 사도 바울은 이렇게 말씀합니다. "내가 궁핍하므로 말하는 것이 아니라 어떠한 형편에든지 내가 자족하기를 배웠노니 내가 비천에 처할 줄도 알고 풍부에 처할 줄도 알아 모든 일에 배부르며 배고픔과 풍부와 궁핍에도 일체의 비결을 배웠노라"(빌 4:11-12). 사도 바울은 가난할 때는 매일 일용할 양식으로 채우시는 하나님으로 인하여 감사하며 살았습니다. 가난할 때 흔히 사람들은 불평하고 남을 원망하거나 그렇지 않으면 비굴해지기 쉽습니다. 아닙니다. 이때는 매일 일용할 양식으로 채우시는 하나님의 기적을 체험하는 놀라운 은혜의 시간입니다. 반면에 부요할 때는 또한 그 부에 감사합니다. 그 부를 이웃과 하나님의 일을 위해 사용합니다. 나에게 넘치도록 채워준 일용할 양식은 실상 나를 통해서 다른 사람을 도우라는 하나님의 뜻입니다. 그런데 풍부에 처하는 법을 배우지 못한 사람은 부할 때 교만해지고 인색하기 쉽습니다. 우리는 사도 바울처럼 가난에도 처할 줄 알고 풍부에도 처할 줄 아는 일체의 비결을 배워야합니다. 이는 소망을 물질이 아니라 하나님께 둘 때만이 가능합니다.

최근에 『목적이 이끄는 삶』의 저자 릭 워렌 목사가 한국에 방문했습니다. 그의 『목적이 이끄는 삶』은 전 세계적으로 2천3백만 부가 팔렸고 한국에서만도 1백만 부 가까이 팔린 대형 베스트셀러입니다. 그가 담임하는 새들백교회는 미국에서 2만 명이 넘는 대형교회입니다. 그런데 이 릭 워렌 목사의 훌륭한 점은 그가 성공적인 목회자가 되었다는 데만 있지 않습니다. 그가 그 위치에 있음에도 불구하고 물질에 자유한 삶을 살고 있다는 점입니다. 그는 물질에 대한 자기 삶의 원칙들을 분명히 하고 있습니다.

"첫째, 지금까지 살아온 삶의 수준을 그대로 유지한다. 둘째, 더 큰 집이나 새 차를 구입하지 않는다. 셋째, 교회로부터 사례비를 받지 않는다. 넷째, 지난 25년 동안 교회가 자신에게 지불한 사례비를 모두 돌려준다. 다섯째, 목회자 훈련을 위한 재단, P.E.A.C.E. 사역을 위한 재단, 아프리카의 AIDS 퇴치를 위한 재단 등 세 가지 사역을 위해 재단을 세운다. 여섯째, 자신이 벌어들이는 재정의 10분의 1만 가지고 생활한다."

릭 워렌은 2004년도에만 1300만 불을 기부금으로 내었다고 합니다. 주기도의 정신을 따라 살기 위해서는 자기 삶의 원칙이나 물질의 한계를 정하는 것이 필요합니다. 요한 웨슬리는 자기 삶에서 적정한 소비 수준을 정하고 그 이상의 돈은 다 밖으로 내보냈다고 합니다. 그는 철저히 재물의 주인은 하나님이고 자기는 관리자라는 생각으로 살았습니다. 언젠가는 요한 웨슬리의 집에 불이나 집이 그만 다 타버리고 말았습니다. 그때 웨슬리는 이렇게 외쳤다고 합니다. "주님의 집이 불타버렸구나. 나는 한 가지 책임을 덜었다."

우리에게

"오늘날 우리에게 일용할 양식을 주옵시고"라는 기도에서 일용할 양식이 필요한 사람이 '나' 가 아니라 '우리' 라는 점에 주목해야 합니다. 나는 일용할 양식으로 배불림을 받았습니다. 그렇다면 나의 기도가 끝난 것입니까? 아닙니다. 일용할 양식이 필요한 사람은 '나' 가 아니라 '우리' 입니다. 나와 함께 있는 사람, 내 이웃이 일용할 양식으로 만족하기까지는 우리 기도가 다 응답된 것이 아닙니다.

초대교회 공동체가 그러했습니다. 사도행전에서 증언하는 초대교회에서는 일용할 양식으로 굶주린 사람이 없었습니다. 그 이유를 이렇게 밝히고 있습니다. "그 중에 가난한 사람이 없으니 이는 밭과 집 있는 자는 팔아 그 판 것의 값을 가져다가 사도들의 발 앞에 두매 그들이 각 사람의 필요를 따라 나누어 줌이라"(행 4:34-35). 주기도문대로 살았던 초대교회는 많이 가진 자가 자기의 것을 내어 놓았고, 없는 자는 그것을 먹음으로 서로의 필요를 채워 주었던 것입니다.

우리가 나눔의 정신만 회복한다면 세상에 굶주리는 사람은 없을 것입니다. 2005년도 현재 세계 곡물생산량은 19억 9,989만 톤, 소비량은 19억 8,186만 톤, 재고량은 3억 4,591만 톤입니다. 이론적으로 따지면 굶어죽는 사람이 없어야 합니다. 그러나 한 쪽에서는 먹을 것이 남아돌아 버리고, 살이 너무 쪄서 체중 조절을 위해 헬스장에서 비지땀을 흘립니다. 반면에 다른 한 쪽에서는 먹을 것이 없어 굶주리며 영양실조 상태입니다. 전 세계적으로 심각한 기아 위기에 있는 인구는 약 3천만 명(1999년 통계)이고, 만성적 영양실조를 겪고 있는 인구는 약 8억5천만 명(2005년 통계)에 달한다고 합니다.

멀리 갈 것도 없습니다. 우리 형제인 북한이 그렇습니다. 북한군의 평균 신장은 162센티미터, 체중은 48킬로그램에 불과합니다. 한국군은 이에 비해 약 10센티미터 이상 더 크고 몸무게도 15킬로그램 이상 차이가 납니다. 북한 어린 아이들은 약 40퍼센트가 발육부진 상태입니다. 북한은 항상 식량이 부족합니다. 곡류를 비롯한 식량이 최소권장량으로는 100만 톤, 표준권장량으로는 200만 톤이 모자란다고 합니다. 반면에 대한민국은 쌀이 남아돌고 있습니다. 쌀 재고량만 100만 톤이 넘어갑니다. 지금 북한은 일용할 양식이 부족하고 남한은 일용할 양식이 넘쳐나고 있습니다. '우리에게 일용할 양식을 주옵소서' 라는 기도를 드리면서 우리는 무슨 생각을 해야 할까요? 이념 문제를 떠나서 예수님을 믿고 있는 우리 신앙인들은 어떤 생각을 하는 것이 당연할까요? 주님께서는 주기도의 이 네 번째 간구를 통해 우리에게 부지런히 이웃을 살피도록 요청합니다.

그런데 실상은 주는 것이 받는 것보다 복이 있습니다. 사람들로부터 꾸지 않고 꾸어줄 수 있는 인생이 복이 있습니다. 우리가 하나님의 대리자가 되어 다른 사람의 일용할 양식을 채울 수 있다면 그것은 정말 큰 영광일 것입니다. 요한 웨슬리의 일화입니다. 요한 웨슬리는 어느 곳을 가든 복음설교만 했다고 합니다. 그러자 지겨워진 청중들이 하나씩 떠났습니다. 이 모습을 본 웨슬리가 다음 주에는 부자에 대한 설교를 하겠다고 공고를 했습니다. 그러자 사람들이 다시 교회로 몰려들었습니다. 그 청중 앞에서 요한 웨슬리는 이렇게 설교했다고 합니다.

"첫째, 여러분 되는 대로 많이 벌어서 큰 부자 되십시오." 그러자 청중들이 "아멘!" 합니다. "둘째, 될 수 있는 대로 많이 저축하십시오." 이렇게 말하자 교인들이 웨슬리의 설교가 달라졌다고 하며 여기저기서 "아멘! 아멘!" 합니다. 이 때 웨슬리가 마지막 한 마디를 더했습니다. "셋째, 그 돈을 다 남을 위해서 쓰십시오." 그 소리에 성도들이 다 도망가더랍니다.

여러분도 그러시겠습니까? 하나님께서는 하나님 자신을 대신하여 다른 사람의 일용할 양식을 채워줄 사람을 찾고 있습니다. 이것이 복의 근원이 되고 복의 통로가 되는 사람의 모습입니다. 우리는 하나님께 물질의 복을 달라고 열심히 기도해야 합니다. 물질의 복을 얻기 위해 부지런한 삶을 살아야 합니다. 그러나 그 목적은 하나님과 다른 사람을 위해서 열심히 쓰고, 그들의 일용할 양식을 채워주는 것이 되어야 할 것입니다.

일용할 양식을 위해 기도하라

"오늘날 우리에게 일용할 양식을 주옵소서"라는 기도의 맛을 제대로 느낄 수 있는 사람들은 마태복음 6장 33절처럼 '먼저 그의 나라와 그의 의를 구하는' 사람들입니다. 하나님은 이런 사람에게 모든 먹을 것과 입을 것을 주시겠다고 약속하셨습니다. 이 일용할 양식의 은혜를 곧잘 체험하는 사람들은 아마 선교사들이나 복음의 일선에서 수고하는 분들일 것입니다. 당장 하루 먹을 끼니가 부족합니다. 하나님의 사업을 해야 하는데 재원이 부족합니다. 이때 이 일용할 양식의 기도는 위력을 발휘합니다. 하나님께서는 정확히 우리가 기도한 분량만큼 채워주십니다.

기도의 대가 조지 뮬러의 일화는 일용할 양식을 위한 기도의 능력이 어떠함을 잘 보여줍니다. 조지 뮬러는 2천여 명의 고아를 먹인 고아의 아버지며, 300만 권의 성경을 보급했던 선교사입니다. 조지 뮬러는 고아원을 운영하되 전적으로 하나님의 은혜에 의지하는 방법으로 하겠다고 뜻을 정했습니다. 그래서 후원자를 모집하지 않았고, 인간적인 술수나 방법을 취하지 않았습니다. 조지 뮬러는 오직 기도를 통해서 고아원을 운영하여 사람들에게 하나님의 살아계심을 보이기 원했습니다.

그러다보니 고아들에게 먹일 식량이 매일같이 모자랐습니다. 그때마다 뮬러는 하나님 앞에 무릎을 꿇었습니다. 하루에도 몇 번씩 무릎을 꿇었습니다. 그렇게 기도하면 하나님께서 정확히 기도한 만큼의 양식을 보내 주셨습니다. 폭우가 쏟아지던 어느 날 아침이었습니다. 고아원에는 먹을 수 있는 것이라곤 아무것도 남아있지 않았습니다. 4백 명의 고아들과 함께 빈 식탁에 둘러앉아서 뮬러는 손을 맞잡고 식사 기도를 드렸습니다. 그런데 그의 기도가 끝날 무렵 놀라운 일이 일어났습니다. 한 대의 마차가 고아원 문을 두드렸습니다. 그 마차에는 아침에 막 구운 빵과 신선한 우유가 가득했습니다. 인근 공장에서 종업원들을 위한 야유회에 쓰기 위해 주문했는데 폭우로 취소되는 바람에 고아들에게 보내온 것이었습니다. 주님의 섭리로 본다면 이 폭우는 조지 뮬러와 그의 고아들의 일용할 양식을 채우기 위한 하나님의 계획이었다 할 것입니다.

이런 일용할 양식을 위한 간구가 응답되는 체험처럼 하나님의 살아계심을 완전하게 느낄 수 있는 기회도 드뭅니다. 하나님은 우리를 돕기를 원하십니다. 그렇지만 하나님도 우리를 도울 기회를 찾기가 쉽지 않습니다. 우리가 이미 모든 것을 다 저축해 놓고 있기 때문입니다. 모든 인간적인 계획이 완벽히 준비된 가운데서 일을 하기 때문입니다. 하나님이 개입할 틈을 주지 않습니다. 하나님의 은혜는 광야라는 현장에서 체험할 수 있습니다. 오직 하나님만 바라는 자에게 하나님은 자신을 나타내 보여주십니다. 실상 일용할 양식을 구하는 삶이 더 풍요롭습니다. 날마다 살아계신 하나님과 동행하는 은혜를 맛보기 때문입니다.

자비하신 우리 아버지여, 하나님께서 축복하신 풍요로운 이 땅을 불쌍히 여기소서. 한편에서는 곡식이 넘쳐 쌓아두거나 버리기까지 하며 비만으로 다이어트를 해야 하는 실정입니다. 반면에 다른 한편에서는 매일 10만 명이 기아나 영양실조로 죽어가고 있습니다. 매년 7백만 명이 영양실조로 인해 시력을 잃고 있는데 그 중 대부분이 어린이들입니다. 인간들 스스로 우월성과 존엄성을 주장하지만 이런 현실을 보면 주님께서 인간들을 당장 심판하신다 하여도 우리는 할 말이 없을 것입니다. "우리에게 일용할 양식을 주옵소서" 하며 기도드리다 간구의 기도가 그만 회개의 기도로 바뀌고 말았습니다. 일용할 양식을 구하기에 우리가 쌓아 놓은 것들이 이미 너무 많기 때문입니다. 주께서 우리에게 허락하신 풍성한 축복도 일용할 양식을 필요로 하는 다른 형제들을 도우라는 주님의 뜻인 줄 이제야 깨닫습니다. 주님, 우리로 함께 나누고 서로 돕는 사랑을 알게 하옵소서. 필요치 않은 것들은 버릴 줄 아는 비움을 알게 하옵소서. 물질에 매이지 않는 단순하고 검소한 삶과 자족을 배우게 하옵소서.

묵상과 나눔

❶ 주님께서는 일용할 양식을 위해 기도하라고 명하십니다. 당신의 기도 내용을 분석해 보십시오. 지나치게 사치스런 기도들은 아니었는지 반성해 봅시다. 일용할 양식을 위한 기도와 자기 삶의 여러 필요를 위한 기도를 어떻게 조화시킬 수 있는지 나누어 봅시다.

❷ 본문에 나온 릭 워렌의 예를 나누고 물질에 대한 자신의 태도나 가치관을 정립하는 시간을 갖도록 합시다.

9

행복해지는 기도

우리 죄를 사하여 주옵시고

주기도의 다섯 번째 기도는 "우리 죄를 사하여 주옵시고"라는 죄 용서의 간구입니다. 근래에 국회 인사 청문회를 보면서 느끼는 것은 과거의 죄가 무섭다는 것입니다. 청문위원들과 언론이 후보자의 과거를 이 잡듯이 뒤집니다. 과거의 탈세 경력, 위장 전입, 자녀의 부정 입학, 논문 중복 여부, 심지어 적십자 회비 납부 상황까지 들추어냅니다.

죄 사함의 은혜

그 장면을 보며 우리는 마지막 심판대 앞에 섰을 때 우리 모습을 연상하게 됩니다. 하나님께서 우리의 죄를 낱낱이 드러낸다면 그 앞에 서 있을 수 있는 사람은 아무도 없을 것입니다. 아무리 이 잡듯이 뒤진다 해도 인간들이 한 사람의 과거를 밝혀내는 데는 한계가 있습니다. 만약 자기와 이해관계에 있는 사람이라면 알면서도 그 죄를 감추어주려 할 것입니다. 그러나 우리를 심판하실 하나님은 전지하시며 공의로우신 분입니다. 그 하나님께서 전지하신 능력으로 우리 속마음까지 다 드러낸다면 우리는 최후의 판결을 기다릴 것도 없이 스스로 지옥을 택하게 될 것입니다.

우리가 그 엄중한 심판을 견딜 수 있는 것은 우리 구주되신 예수님께서 우리와 함께하시기 때문입니다. 그분의 넓은 품으로 우리 모든 허물을 덮으시며 정죄의 화살을 친히 막아주십니다. 쉴 새 없이 스쳐 가는 우리의 죄악들에 대해 예수님께서 친히 우리를 위해 변호해 주십니다. "아버지여 이 죄는 제가 대신 받았습니다." 심판을 견딜 수 있는 힘은 우리에게 있지 않습니다. 예수 그리스도로 말미암습니다. 그러나 그리스도가 없는 자는 스스로 자기를 변호해야 합니다. 법정 앞에 변호사도 없이 혼자서야 하는 죄인의 외로운 처지를 생각해 보십시오. 불꽃같은 눈으로 파헤치는 하나님의 그 심판을 견딜 수 있는 사람이 과연 단 한 사람이라도 있겠습니까?

그래서 다윗은 시편 32장 1절에서 "허물의 사함을 얻고 그 죄의 가리움을 받은 자는 복이 있도다"라고 고백합니다. 다윗은 우리야의 아내를 범하고 우리야를 살인 교사하는 엄청난 죄를 저질렀습니다. 이 죄를 평생 안고 가야 했다면 다윗은 괴로워서 못살았을 것입니다. 그러나 하나님께서 다윗의 죄를 드러내시고 그에 대한 적절한 심판을 명하십니다. 이 심판으로 인하여 불륜의 씨인 아기가 죽습니다. 국가는 압살롬의 반란으로 내란의 위기를 맞습니다. 이런 과정을 통해 죄가 씻기고, 죄사함의 은혜가 주어졌을 때 다윗은 비로소 자유함을 얻게 되었습니다. 하나님은 아무 대가없이 용서하실 수도 있고, 이미 용서하셨지만 죄의 대가를 받도록 하십니다. 그 이유는 죄의 무서움을 깨달아 다시는 죄를 짓지 않도록 하기 위함이요, 죄의 대가를 치름으로써 죄의 고통을 경감시켜 주시기 위함입니다.

지난 세기 미국과 베트남 전쟁 당시 유명했던 사진 한 장이 있습니다. 1972년에 세계 최고의 언론상인 퓰리처상을 받았던 사진으로, 미군이 베트남 양민이 살던 트랑방이라는 곳을 네이팜탄으로 공격하는 모습입니다. 네이팜탄은 거대한 불길을 일으키는 폭탄입니다. 이 폭탄으로 인해 한 어린 소녀가 화상을 입고 발가벗은 채 소리치며 거리를 질주하는 사진이었습니다. 이 소녀의 이름은 '킴푹'이었습니다. 지난 1996년에 미국은 이 소녀를 찾아내 재향 군인의 날에 연사로 초청하였습니다. 과거의 아픔을 씻고 화해하자는 뜻에서였습니다.

그런데 이 한 장의 사진 때문에 평생을 괴롭게 살아야 했던 사람이 있었습니다. 그 사람은 당시 네이팜탄을 떨어뜨렸던 존 플리머라는 조종사였습니다. 플리머는 신문을 통해 보도된 이 한 장의 사진 때문에 고통의 나날들을 보내게 되었습니다. 자기가 양민들을 죽이고 어린 소녀를 화상으로 몰아갔다는 괴로움 때문이었습니다. 당시의 심정을 플리머는 이렇게 고백했습니다.

"그 죄책감, 내 영혼을 부숴 버릴 것 같은 끔찍스런 죄책감은 사라지지 않고 끊임없이 나를 괴롭혔다 … 본국으로 돌아와 보니 잡지, 신문, 텔레비전 등 온 천지에 그 사진이 널려 있었다. 도무지 그 사진을 피할 길이 없었다. 1974년 초에 제대한 후, 나는 절망감에 빠져 불행한 하루하루를 보냈다. 고통스런 기억을 지워 버리려고 술을 마셔댔다. 두 번의 결혼은 모두 이혼으로 끝이 났고, 정서적인 장애가 생긴 나는 다른 사람들에게 나 자신을 열어 놓을 수가 없었다."

이런 고통 가운데 살던 플리머에게 깜짝 놀랄 소식이 들렸습니다. 그 소녀가 지금껏 살아 있고 미국에 온다는 소식이었습니다. 플리머는 떨리기도 하고 어떻게 해야 할지 몰라하면서 킴푹이 온다는 곳으로 갔습니다. 킴푹은 그의 연설에서 그때 그 폭격으로 자기 두 부모는 죽었고, 화상으로 14개월 동안 고생해야 했다는 말을 했습니다. 그리고는 이렇게 덧붙였습니다.

"폭탄을 떨어뜨린 그 조종사를 지금 만날 수 있다면, 저는 그에게 말하고 싶습니다. 우리가 지나간 역사를 바꿀 수는 없지만, 평화를 도모하기 위해 지금부터, 또한 앞으로 계속 선한 일을 하도록 노력해야 한다고 말입니다."

이 말에 더욱 고통스러워 흐느껴 울던 플리머는 용기를 내어 단상 쪽으로 나갔습니다. 그리고는 킴푹에게 다가가 "내가 그 조종사입니다. 미안합니다. 정말 미안합니다(I'm sorry. I'm truly sorry)"라고 고백했습니다. 그러자 킴푹은 팔을 벌려 그를 안으며 "괜찮아요. 이미 용서했어요"라고 말했습니다. 플리머는 그때의 만남에 대해 후에 이렇게 술회했습니다.

"어떻게 2분 동안의 짧은 대화가 지난 24년 동안의 악몽을 깨끗이 지워버릴 수 있었는지 아직도 이해할 수 없습니다. 내가 받은 용서는 내가 무엇을 했기 때문에 받은 것이 아니라, 그저 그것은 선물이었습니다. 그저 신비로울 따름입니다."

존 플리머는 현재 감리교 목사로 교회를 섬기며 십자가의 용서를 선포하며 평화를 위해 일하고 있습니다.

이것이 바로 하나님의 용서입니다. 주님께서는 주기도의 이 다섯 번째 기도를 통하여 우리 죄에 대한 용서를 날마다 간구하라고 명령합니다. 용서받지 않은 죄는 우리를 두고두고 괴롭힙니다. 그러나 우리가 그 죄를 자백하면 하나님은 우리의 어떤 죄든지 용서하시겠다고 약속합니다. "만일 우리가 우리 죄를 자백하면 저는 미쁘시고 의로우사 우리 죄를 사하시며 모든 불의에서 우리를 깨끗케 하실 것이요"(요일 1:9). 예수님은 "수고하고 무거운 짐진 자들아 다 내게로 오라 내가 너희를 쉬게 하리라"(마 11:28)고 말씀합니다. 죄의 짐을 주님께 내려놓을 때 주님께서는 "동이 서에서 먼 것 같이 우리 죄과를 우리에게서 멀리 옮기"(시 103:12)실 것이라고 약속합니다.

루터는 죄의 문제로 고민하고 있던 사람을 향하여 이렇게 말했습니다. "과감하게 죄를 저질러라. 그러나 보다 더 씩씩하게 그리스도 안에서 기뻐하라." 이 말씀은 자기 스스로 죄 문제를 해결하지도 못하면서 죄 때문에 고통스러워하는 사람을 향한 권면입니다. 과감하게 죄를 저지름으로써 자기라는 존재에 대해서 철저히 절망하라는 뜻입니다. 그리고는 두 손들고 주님 앞으로 나오라는 요청입니다. 인간은 그리스도 없이는 하나님 앞에 설 수 없습니다. 우리는 죄인이면서 동시에 의인입니다. 늘 죄를 저지르기에 죄인입니다. 그러나 동시에 그리스도 안에서 용서함을 받았기에 우리는 또한 의인입니다. 날마다 그리스도의 이름으로 나아가 죄사함을 받는 순간 우리는 매일 의인으로 다시 태어납니다.

우리에게 죄 지은 자를 사하여 준 것 같이

그런데 문제는 이 다섯 번째 간구 앞 구절에 있는 "우리가 우리에게 죄지은 자를 사하여 준 것 같이"라는 문장입니다. 마치 우리가 하나님 앞에 용서를 받기 위해서는 다른 사람에 대한 용서가 선행되어야 하는 것처럼 보이기 때문입니다. 주기도에 관한 말씀 바로 다음에 이어지는 마태복음 6장 14, 15절에서도 주님은 이렇게 말씀하고 있습니다. "너희가 사람의 과실을 용서하면 너희 천부께서도 너희 과실을 용서하시려니와 너희가 사람의 과실을 용서하지 아니하면 너희 아버지께서도 너희 과실을 용서하지 아니하시리라."

어떤 분이 주기도로 기도하기를 무척 꺼려했습니다. 바로 "우리가 우리에게 죄 지은 자를 사하여 준 것 같이 우리 죄를 사하여 주옵시고"라는 구절 때문이었습니다. 그분은 자기가 정말 미워하는 사람이 있는데 이 사람을 도무지 용서할 수가 없었습니다. 그러니 주기도를 고백할 때마다 이 구절이 걸려서 기도를 제대로 할 수 없었던 것입니다. 그래도 이분은 순수하다 할 것입니다. 우리는 미움은 미움대로 품은 채 아무 생각없이 주기도를 반복합니다. 이런 우리의 모습을 보며 위대한 설교가 중 한 사람이었던 스펄전이 이렇게 말했던 적이 있습니다. "다른 사람의 죄를 용서하지 않으면서 주기도문을 반복한다면 그것은 자신의 사형판결문을 낭독하는 것과 같다." 그것은 마치 "우리가 우리에게 죄 지은 자를 사하여 주지 않은 것처럼 우리 죄를 사하여 주지 마옵소서" 하고 간구하는 것과 같다 할 것입니다.

그렇다면 인간에게서 완벽한 용서가 가능할까요? 우리가 조금이라도 미움을 가지고 있다면 우리는 주기도의 간구대로 우리 죄에 대한 용서를 받을 수 없을까요? 사실 이런식으로 한다면 주님으로부터 용서받을 수 있는 사람은 아무도 없을 것입니다. 문제는 이 '~ 것 같이'라는 구절에 대한 해석입니다. 직접적으로는 이것이 조건절이냐 아니면 비교절이냐 하는 논란입니다. 조건절로 해석하면 반드시 타인에 대한 용서가 이루어진 이후에야 우리 죄에 대한 용서가 가능할 것입니다. 이 경우는 죄 사함이 은혜가 아니라 또 하나의 율법이 되고 맙니다. 그러나 비교절로 해석하면 그것은 다음과 같은 의미가 될 것입니다. "제가 평소에 다른 사람의 죄를 용서합니다. 그런 것처럼 제가 하나님께 지은 죄가 있으면 용서해 주십시오." 이 경우는 타인에 대한 용서의 삶과 또 인간에게 베푸시는 하나님의 은혜를 함께 포용할 수 있어 더 적절한 해석이라 생각됩니다.

다른 사람에 대한 용서는 우리가 하나님께 용서를 받기 위해 행해야 하는 율법과도 같은 것이 아닙니다. 이것을 율법처럼 생각하면 용서가 힘이 듭니다. 다른 사람을 용서하는 것은 율법이 아니라 하나님의 엄청난 은혜에 대한 감사의 응답일 뿐입니다. 하나님께서는 우리가 지은 무겁고 큰 죄들에 대해 죄 사함의 은혜를 베푸셨습니다. 이 은혜에 감사해서 다른 사람의 죄를 용서하는 것입니다. 그리스도인에게는 더 이상 율법은 없고 모든 것이 은혜입니다.

만약 이 은혜에 상응하는 응답이 없다면 하나님께서는 이 엄청난 은혜를 감사함으로 받아들이고 있는지 의심하실 것입니다. 이는 마태복음 18장의 1만 달란트 빚진 자의 비유에 잘 나타나 있습니다(마 18:21-35). 베드로가 예수님에게 물었습니다. "주여 형제가 내게 죄를 범하면 몇 번이나 용서하여 주리이까?" 이에 대해 베드로는 스스로 이렇게 답을 합니다. "일곱 번까지 하오리이까?" 아마 베드로는 자랑스러운 마음으로 답했을 것입니다. 한 번의 용서도 힘든데 일곱 번의 용서면 얼마나 대단합니까? 그런데 예수님은 이보다 더 많은 용서를 요구하십니다. "일흔 번씩 일곱 번이라도 용서해라." $70 \times 7 = 490$입니다. 그러면 490번까지 참다가 491번째는 화내도 되는가? 아닙니다. 이는 무한한 용서를 말합니다. 아예 미워하거나 원망하는 마음은 그 싹조차 없도록 하라는 뜻입니다. 인간으로서 이 명령이 정말 가능한 명령일까요?

주님은 이어지는 비유에서 이렇게 설명하셨습니다. 어떤 사람이 1만 달란트 빚을 졌습니다. 1만 달란트라 함은 셀 수 없는 엄청난 액수의 빚입니다. 당시 이스라엘을 다스리던 헤롯 왕의 한 해 세수가 9백 달란트에 불과했던 것을 보면 잘 알 수 있습니다. 그 주인이 이 큰 빚을 진 자를 보니 불쌍한 마음이 들어 모든 빚을 탕감해 주었습니다.

이런 은혜를 받은 후 이 사람이 나가다 자기에게 1백 데나리온 빚진 동료를 만났습니다. 이 큰 빚을 탕감 받았던 사람은 그보다 훨씬 적은 1백 데나리온을 빚진 자가 통 사정을 해도 듣지 않고 옥에 쳐넣고 말았습니다. 1달란트는 당시 화폐 가치로 6천 데나리온에 해당합니다. 그러니 이 사람은 1백 데나리온보다 6십만 배의 빚을 탕감 받고도 자기에게 조그마한 빚을 진 자에게 가혹하게 했던 것입니다.

이 소식이 그 주인에게 들렸습니다. 그러자 주인은 1만 달란트 빚졌던 자를 다시 불러들여 옥에 가두며 이렇게 말합니다. "악한 종아 네가 빌기에 내가 네 빚을 전부 탕감하여 주었거늘 내가 너를 불쌍히 여김과 같이 너도 네 동료를 불쌍히 여김이 마땅치 아니하냐 하고 주인이 노하여 그 빚을 다 갚도록 저를 옥졸들에게 붙이니라." 주님은 이 비유를 마치며 이렇게 교훈합니다. "너희가 각각 중심으로 형제를 용서하지 아니하면 내 천부께서도 너희에게 이와 같이 하시리라."

만일 1만 달란트나 되는 엄청난 빚을 용서받았다는 사실을 생각하지 않는다면, 1백 데나리온의 빚을 용서하는 것은 힘들고 어려운 율법처럼 보일 것입니다. 그러나 그 감당할 수 없는 은혜를 생각하면 다른 사람을 용서하는 것은 지극히 작은 일에 불과합니다. 주님께서는 형제를 용서하라는 새로운 윤리를 우리에게 가르치려는 것이 아닙니다. 우리 가슴 속에 십자가의 은혜가 살아 있느냐, 그리스도의 사죄의 피가 우리 심장 속에 흐르고 있느냐고 주님은 묻고 계신 것입니다. 그러므로 우리는 다른 사람을 용서하며 이렇게 말해야 할 것입니다. "형제여 나에게 고마워하지 마시오. 내가 당신에게 베푼 은혜는 내가 주님으로부터 받은 것에 비하면 아무것도 아니라오."

용서는 우리 자신을 위해서도 필요하다

다른 사람을 향한 용서는 또한 우리 영혼의 평화를 위해서도 절대적으로 필요합니다. 우리가 다른 사람을 용서하지 않고 분노와 미움을 품고 산다면 정작 우리가 더 심한 상처를 받게 됩니다. 원망과 분노는 날카로운 칼과 같습니다. 이것을 품고 있으면 미워하는 그 사람보다 자신이 먼저 상처를 입습니다. 정신과 의사인 맥밀란은 이렇게 말합니다. "어떤 사람을 미워하기 시작하는 순간부터 나는 그의 노예가 되고 만다." 분노를 품고 있으면 마음이 편하지 않습니다. 기도도 안 되고, 우리의 영혼을 분노로 불사르고 맙니다. 린다 클링이라는 시인은 용서하지 않는 사람의 마음 상태를 다음과 같이 묘사합니다.

내가 용서할 수 없는 그 사람
이름만 들어도 내 가슴에 적개심의 불을 지르는 그 사람이
내 인생을 통제하는 바로 그 사람이라는 것이 너무도 이상하다
나는 그가 나를 해친 그곳에 그를 남겨 두지 않고
내 마음속의 집으로 그를 데려 온다
그와 함께 시간을 보내며 그는 내 생각들을 지배하며 나에게 명령한다.
그는 내 혀를 통치하며
내가 사랑하는 자들에게도 채찍을 가하도록 자극한다.
내 속에 불을 지르는 것이다.

증오의 불이 증오의 목표물에게보다

증오하는 자에게 더 큰 피해를 주었던 것이 그 몇 번이던가!

오 주여, 당신의 용서의 은혜를 내 불난 가슴에 부어주소서

제가 품은 모든 상처들을 주님 발 앞에 내려놓습니다.

용서하십시오. 그래야 삽니다. 용서는 타인을 향해서 뿐만 아니라 자기에게도 행해야 합니다. 어떤 분들은 남은 용서하면서도 자기 스스로에 대해서는 아주 가혹하게 대하는 사람들이 있습니다. 주님도 사랑하고 구원의 은혜도 인정하지만 자신만은 인정하지 못하겠다는 태도입니다. 이들은 자기 외모나 학벌 때문에 스스로를 자학합니다. 불우한 환경이나 좋은 가정에서 태어나지 못한 것 때문에 심한 열등감에 시달립니다. 자신의 과거 실수에 대해서, 또 어떤 일로 상처받은 것에 대해서 자신을 용납하지 못하고 그 아픔을 두고두고 곱씹으며 후회합니다. 그중에는 가슴 속 깊은 곳에 꾹꾹 눌러 놓았다가도 어떤 계기로 그 상처들이 표면으로 다시 올라오면 자신을 주체하지 못하는 사람도 있습니다.

우리는 이제 자기를 미워할 권리도 없습니다. 왜 그렇습니까? 하나님께서 우리의 과거를 모두 다 용서하셨기 때문입니다. 하나님께서 용서하셨는데 감히 그 누가 정죄한단 말입니까? 우리 주인 되시고 장차 온 우주를 심판하실 하나님의 판단이 우리의 판단보다 더 정확하고 결정적입니다. 우리는 용서받았습니다. 그러니 스스로 자학하지 마십시오. 자학은 교만입니다. 아직도 여전히 자기가 자신의 주인

이라 주장하며 하나님의 용서를 받아드리지 않겠다는 자기중심적인 태도입니다.

베드로와 예수님의 대화를 이렇게 한 번 바꾸어 보십시오. "그 때에 베드로가 나아와 가로되 주여, 제가 과거에 많은 실수를 하였고, 아픈 상처들을 안고 있습니다. 몇 번이나 용서하여 주리이까? 일곱 번까지 하오리이까? 예수께서 가라사대 네게 이르노니 일곱 번뿐 아니라 일흔 번씩 일곱 번이라도 할지니라."

"우리가 우리에게 죄지은 자를 사하여 준 것 같이 우리 죄를 사하여 주옵시고"라는 간구는 단지 개인적인 죄뿐만 아니라 사회적인 죄에 대해서도 필요합니다. 특히 한국 사회에 꼭 필요한 기도입니다. 한반도 하늘은 이데올로기의 대립으로 인한 미움이 극에 달해 있습니다. 결정적으로 6.25 한국전쟁으로 말미암은 상처와 원한들입니다. 남쪽은 북쪽을 미워하고, 북쪽은 남쪽과 미국을 증오합니다. 하나같이 전쟁기념관을 세우고 상대방의 야만성과 만행을 고발하는 국민교육을 실시하고 있습니다. 대를 물려가며 미움과 증오를 재생산하고 있는 것입니다. 역사학자들이 증거하듯이 전쟁을 일으킨 북한에 의해서 남한의 무고한 많은 양민들이 죽었습니다. 또 이에 대한 보복으로 남한은 북한의 많은 사람들을 죽였으며, 미국은 한반도 북쪽 지역을 초토화시켰습니다. 시작은 어떠했을지 모르지만 결국은 모두가 가해자와 피해자가 된 상처투성이의 전쟁이 되고 말았습니다. 전쟁과 분단 60년을 넘어선 이제는 서로 용서하고 화해하는 것이 필요합니다. 서로 용서하지 않고는 자유할 수 없습니다. 미움과 분노는 우리의 정신적 에너지를 갉아먹습니다. 문화와 사상의 발달을 저해하며, 도덕의식과 인간성을 마비시킵니다.

문제는 한국교회입니다. 그리스도의 십자가의 사랑을 받고, 원수 사랑의 명령을 받은 우리 한국교회가 이 분노와 미움의 구조에 함께 동참하고 있다는 사실입니다. 동참하는 정도가 아니라 오히려 더 적극적으로 이데올로기적 대결을 고취시키고 있습니다. 세상은 그렇다 할지라도 교회만은 용서와 화해의 사도가 되어야 합니다. 상대방을 용서하지 않고 미움을 간직한 채로 어찌 주기도의 이 용서의 간구를 제대로 할 수 있겠습니까? 북한의 죄를 용서하지 않으면서 우리 남한이 저지른 죄에 대해서 하나님의 용서를 간구한다면 하나님께서 그 기도를 들어주실까요?

주기도는 우리 안에 있는 개인적인 원수들뿐만 아니라 사회적이며 민족적인 원수들에 대해서도 용서할 것을 요구합니다. 우리 교회가 먼저 남북간의 분단과 대립으로 인한 분노와 상처를 그리스도의 사랑으로 끌어안지 못한다면 한반도에 온전한 평화는 없습니다. 용서하지 않은 만큼 위기와 긴장 가운데서 늘 살아가야 합니다. 죄 사함의 축복은 단순히 영적이거나 심리적인 위로로 끝나는 것이 아닙니다. 죄의 문제가 해결되면 그 땅에 평화가 임하고 축복이 임합니다.

역대기서에서는 이렇게 말씀합니다. "혹 내가 하늘을 닫고 비를 내리지 아니하거나 혹 메뚜기로 토산을 먹게 하거나 혹 염병으로 내 백성 가운데 유행하게 할 때에 내 이름으로 일컫는 내 백성이 그 악한 길에서 떠나 스스로 겸비하고 기도하여 내 얼굴을 구하면 내가 하늘에서 듣고 그 죄를 사하고 그 땅을 고칠지라 이곳에서 하는 기도에 내가 눈을 들고 귀를 기울이니"(대하 7:13-15). 우리가 행하고 있는 악한 죄들 중의 하나는 중심으로 형제를 용서하지 않는 죄입니다. 우리가 이 악한 길에서 떠나 겸비하여 기도하면 주님은 이 땅을 고치시고 그 기도에 응답하시겠다고 약속하십니다. 용서의 축복은 평화와 번영입니다.

> 용서의 주님, 우리는 주님의 가슴을 수없이 아프게 하지만 주님은 일흔 번씩 일곱 번이라도 우리 잘못을 용서해주십니다. 주님의 복음은 죄 사함과 용서로 가득한 은혜의 복음입니다. 우리가 십자가의 은혜를 알면서도 여전히 죄의 고통 가운데 살고 있는 것은 주님께서 우리를 용서해 주시지 않았기 때문이 아닙니다. 자기라는 틀에 갇힌 우리의 왜곡된 두 눈이 이 용서의 사실을 받아들이지 않고 있기 때문입니다. 내 자신을 향하던 눈을 돌이켜 이제는 골고다의 십자가를 바라보게 하옵소서. 이 용서의 은혜가 흘러넘쳐 이제는 나에게 지극히 사소한 잘못을 행한 자들을 용서할 수 있는 너그러움과 용기가 되게 하옵소서. 생각하면 할수록 분노가 치솟는 원수지만 나 또한 주님 앞에 그보다 결코 덜하지 않은 사람이었음을 고백합니다. 분노와 미움은 서로를 죽이지만 용서는 둘 다 살리는 길임을 깨닫는 현명함을 주옵소서. 한반도 강산 위에도 60년 넘게 증오와 분노의 영이 드리워져 있나이다. 화해와 용서의 성령님이시여, 이 강산에도 사랑과 용서의 봄바람 불어 마냥 따뜻한 봄날이게 하옵소서.

묵상과 나눔

❶ 죄 사함의 은혜에 대해서 나누어 봅시다. 당신은 죄가 주는 고통에 대해서 알고 있나요? 죄 사함이 주는 기쁨을 체험해 본 적이 있습니까? 죄 사함의 필요성에 대해서는 충분히 공감하고 있나요?

❷ 주님은 다른 사람의 죄에 대해서 용서할 것을 우리에게 명령하십니다. 다른 사람의 죄를 용서해 본 경험이 있으면 서로 나누어 봅시다. 어떻게 하면 용서가 가능할까요? 이 문제를 한국사회의 문제(남북갈등, 이념갈등, 지역갈등, 빈부갈등 등)에도 한번 적용해 봅시다.

10

기도는 저축이 된다

우리를 시험에 들게 하지 마옵시고

주기도의 여섯 번째 간구는 마치 피난처와도 같습니다. 피난처는 모든 위험과 공격으로부터 안전한 곳입니다. 하나님의 이름과 그의 나라와 그의 뜻을 위한 싸움을 하기 시작하는 순간 악들도 깨어나 우리를 공격하기 시작합니다. 우리가 잠들어 있으면 마귀 또한 건들지 않습니다. 그러나 깨어 있다는 것을 아는 순간부터 그를 두렵게 하고 거꾸러뜨리기 위해 집요한 공격을 시작합니다. 그때 이러한 시험과 악으로부터 우리를 보호하는 성과 방패의 역할을 하는 것이 바로 주기도의 이 여섯 번째 간구입니다. 이 기도의 보호막 아래 있는 이상 우리는 주님의 날개 아래 거하는 것처럼 안전합니다.

시험에 들지 않도록 기도하라

주기도문의 여섯 번째 간구는 "우리를 시험에 들게 하지 마옵시고 다만 악에서 구하옵소서"입니다. 이 기도는 '우리를 시험에 들게 하지 마옵시고'와 '다만 악에서 구하옵소서'라는 두 문장으로 되어 있습니다. 그러나 그 의미는 하나입니다. 시험에 드는 것은 곧 악에 빠지는 것이고, 악에서 구함을 받는 것은 곧 시험에서 이기는 것을 의미하기에 두 문장은 같은 뜻이라 할 수 있습니다. '시험'은 당하는 주체자의 입장에서 본 의미입니다. 이는 '유혹'이라고도 번역할 수 있습니다. '악'은 시험에 들게 만드는 원인이나 세력을 말합니다.

주님께서 주기도문의 마지막 간구로 이 기도를 하라고 명하신 까닭은 그만큼 우리의 연약함을 잘 아시기 때문입니다. 인간은 먹고사는 문제로 얼마나 비굴해지는지 모릅니다. 위기의 순간에는 쉽게 진리를 포기하고 맙니다. 우리 육신이란 것은 조그만 바이러스의 침입에도 금방 쓰러지고 맙니다. 한 마디 말에도 쉽게 마음 상합니다. 단순한 말 한마디 때문에 낙담하기도 하고 교회를 떠나기도 합니다. 어느 순간에는 자신감으로 가득 차 있다가도 그 다음날 아침이면 실의에 빠져 절망하고 포기하고픈 마음으로 가득해집니다.

이런 것들이야 자기 문제라고 할 수 있겠지만 이 연약함이 도덕이나 윤리와 관련될 때는 다른 사람들에게 해를 끼치는 악이 되기도 합니다. 악의 유혹은 달콤합니다. 정욕의 유혹에 빠져 단란한 가정의 행복을 파괴하기도 합니다. 물질의 유혹에 빠져 거짓과 속임수, 부정을 행하기도 합니다. 정말 순간의 문제입니다. 유혹에 강한 사람이 따로 있고 약한 사람이 따로 있는 것이 아닙니다. 다만 악의 유혹에 많이 노출되거나 그렇지 않은 사람이 있을 뿐입니다. 어떤 사람이 본질적으로 더 선하다 악하다 하는 것은 정말 오십보백보의 차이입니다. 교도소에 들어가 있다고 해서 우리 보다 악하다고 볼 수 없습니다. 우리들 가운데는 그들보다 더 악한 죄를 저지를 수 있는 사람도 있습니다. 실제 그렇게 악을 저지른 사람도 있을 것입니다. 다만 그 악이 드러나지 않았을 뿐입니다. 인간은 모두 죄인입니다. 교도소에 있는 사람들은 드러난 죄인이고, 우리는 드러나지 않은 죄인일 뿐입니다.

완악한 인간들은 누군가 하나 잘못을 범하면 그 사람을 비난하고 정죄하고 따돌립니다. 자기는 잘못이 없고 의인인 체 합니다. 우리는 그럴 때 일수록 자기 자신을 먼저 돌아보아야 합니다. 자기도 동일한 환경에 처했다면 저런 악을 행했을 수도 있겠거니 하며 그 사람을 불쌍히 여겨야 합니다. 또 그런 시험에 들지 않게 해주신 하나님께 감사해야 할 것입니다.

우리는 시험에 빠지기 쉬운 존재들입니다. 그러므로 주기도문의 간구처럼 시험에 들지 않도록 기도해야 합니다. 하나님이신 예수님께서도 시험에 들지 않기 위해 겟세마네 동산에서 땀방울이 피방울이 되기까지 간절히 기도하셨습니다. 그런데 그 순간에 제자들은 잠만 자고 있었습니다. 그런 제자들을 보며 주님은 "너희가 나와 함께 한 시 동안도 이렇게 깨어 있을 수 없더냐 시험에 들지 않게 깨어 있어 기도하라 마음에는 원이로되 육신이 약하도다"(마 26:40-41)라고 책망하셨습니다. 시험에 들지 않도록 기도하셨던 예수님은 십자가의 길을 당당히 걸어가실 수 있었습니다. 그러나 그 시간에 잠을 잤던 제자들은 옷을 벗은 채 달아나기도 하고, 주님을 부인하고 저주하기까지 했습니다.

우리들도 기도해야 할 때 제자들처럼 잠들어 있지 않습니까? 가끔 기도하지 않는 사람들을 보면서 참 대단하다는 생각이 들 때도 있습니다. 우리 인생에 정말 많은 시험과 유혹이 있지 않습니까? 우리는 이 모든 시험과 유혹 앞에서 기도하지 않고는 견딜 수 없습니다.

주님의 시험

예수님은 우리의 모범이십니다. 예수님의 기도나 삶뿐만 아니라 예수님이 받으셨던 시험들도 그렇습니다. 예수님께서 시험받으셨던 것들은 현대를 살고있는 우리들도 주의해야 할 시험들입니다. 예수님은 공생애를 시작하시자마자 먼저 광야에서 40일 동안 금식하며 기도하셨습니다. 이때 주님은 유혹받기 쉬운 시험 세 가지와 싸우셨습니다. 기도가 그렇습니다. 기도는 시험거리들을 성령님 계신 기도의 장으로 미리 끌어오는 것입니다. 미리 예방 주사를 맞고, 또 성령님 계신 홈 그라운드에서 미리 승리를 맛보는 것입니다.

첫 번째 시험은 굶주린 예수님에게 돌로 떡덩이를 만들라는 시험이었습니다. 이 시험은 먹는 것이 우선이냐 아니면 하나님의 말씀이 우선이냐 하는 시험입니다. 우리 인생에서 대부분 걸려 넘어지기 쉬운 시험은 먹고 사는 문제에서 발생합니다. 먹고 살기 위해서 양심을 팔기도 하고, 비굴해지기도 합니다. 오직 부자가 되기 위한 욕심에 다른 소중한 가치들은 아예 뒷전으로 미루어 놓습니다. 이에 대해서 주님은 단호하게 말씀하십니다. "기록되었으되 사람이 떡으로만 살

것이 아니요 하나님의 입으로 나오는 모든 말씀으로 살 것이라"(마 4:4) 시험을 이기기 위해서는 삶의 우선순위가 분명해야 합니다. 말씀이 먼저입니다. 삶의 원칙과 가치관이 분명할 때 유혹에 쉽게 넘어가지 않습니다.

두 번째 시험은 거룩한 성전 꼭대기에서 뛰어내리라는 시험이었습니다. 이 시험은 단순히 명예욕에 대한 시험이 아닙니다. 오히려 하나님에 대한 신뢰의 시험입니다. 마귀는 성전 꼭대기에서 뛰어내리면 하나님의 사자들이 받아 줄 것이라고 유혹합니다. 이에 대해서 주님은 "또 기록되었으되 주 너의 하나님을 시험치 말라"(마 4:7)라고 이번에도 말씀으로 물리치십니다. 예수님은 하나님께서 자기와 함께 하시며 어떤 위기의 순간에도 항상 도우신다는 사실을 믿어 의심치 않았습니다. 심지어 십자가에 자기 목숨을 내어 놓으면서도 추호도 하나님에 대한 신뢰를 의심하지 않았습니다. 설사 죽어 음부에 떨어진다 할지라도 그곳에서 자신을 건지실 것을 믿었습니다. 하나님께서 자신을 보호하는지 그렇지 않은지를 시험해 보겠다는 것은 이미 그 자체로 하나님에 대한 신뢰가 무너졌다 할 것입니다. 믿음의 사람들은 결코 넘어지지 않습니다. 그러나 사단은 마치 하나님께서 우리를 돕지 않을 것처럼 미혹하여 우리로 포기하게 만듭니다. 유혹을 이기는 힘은 어느 순간에도 하나님을 끝까지 신뢰하는 데 있습니다.

세 번째 시험은 천하만국과 그 영광을 보여주며 마귀에게 절하면 이 모든 것을 주겠다는 유혹입니다. 이때도 주님은 "사단아 물러가라 기록되었으되 주 너의 하나님께 경배하고 다만 그를 섬기라 하였느니라"(마 4:10)하며 사단을 물리칩니다. 이 시험은 목적을 성취하기 위한 방법과 과정에 대한 시험입니다. 사실 예수님께서 이 땅에 오신 목적은 사단에게 넘어간 천하만국의 권세를 되찾기 위해서였습니다. 그러나 그 권세를 되찾는 방법은 전쟁과 권력으로 상징되는 영광의 길에 있었던 것이 아닙니다. 그것은 하나님의 방법이 아니었습니다. 하나님의 방법은 섬김과 희생의 십자가의 길이었습니다. 사단은 목적을 위해서는 수단과 방법을 가리지 않아야 한다고 예수님을 유혹했습니다. 마치 현대사회처럼 과정이야 어떻든 결과만 좋으면 되고, 무조건 경쟁에서 승리하는 것이 선이라는 식의 논리였습니다. 그러나 선한 목적은 선한 과정을 통해서만 이루어질 수 있습니다. 하나님께 경배하고 하나님의 방법을 통해서만 선한 목적은 달성될 수 있고 또 그렇게 달성해야 합니다.

　이 세 가지는 예수님의 공생애 동안 가장 유혹이 되었던 문제들입니다. 무리들은 떡만 보고 예수님을 좇았습니다. 제자들은 예수님이 고난받고 십자가에서 돌아가셔야 많은 생명을 구원할 수 있다는 사실을 이해하지 못했습니다. 예수님 자신 또한 마지막 죽음의 순간까지 하나님에 대한 신뢰의 문제로 씨름을 해야 했습니다. 예수님께서 이 모든 유혹에서 승리할 수 있었던 비결은 어디에 있었을까요? 예수님은 원래 하나님이시니까 시험을 이길 수 있는 것은 당연하지라고 생각해서는 안 됩니다. 예수님도 연약한 인간이었습니다. 유혹도 받으셨습니다. 히브리서는 이렇게 말씀합니다. "우리에게 있는 대제사장은 우리 연약함을 체휼하지 아니하는 자가 아니요 모든 일에 우리와 한결같이 시험을 받은 자로되 죄는 없으시니라"(히 4:15).

그렇다면 그 비결은 무엇입니까? 다름 아닌 '기도'에 있었습니다. 하나님이신 예수님도 기도로 이 모든 유혹을 물리치셨습니다. 기도하니까 그때마다 하나님 말씀이 떠오르고 이 말씀으로 사단을 물리쳤습니다. 주님은 그 비결을 알기에 제자들에게 시험에 들지 않도록 주기도로 기도할 것을 명령하셨습니다. 기도하지 않고는 이 세상의 유혹들을 이길 수 없습니다. 우리가 기도할 때 주님께서 도와주십니다. "자기가 시험을 받아 고난을 당하셨은즉 시험받는 자들을 능히 도우시느니라"(히 2:18).

기도는 저축이 됩니다. 시험에 들지 않도록 간구하는 기도를 계속해서 쌓아 놓으십시오. 그러면 결정적인 순간에 그 기도가 능력을 발휘합니다. 자녀들을 위해서도 이 '시험에 들게 하지 마옵시고 다만 악에서 구하옵소서' 라는 기도를 많이 하십시오. 우리 자녀들이 살아갈 인생길에 얼마나 많은 장애물과 시험들이 도사리고 있습니까? 부모가 기도를 쌓아 놓으면 자녀들이 그 기도의 덕을 봅니다. 위기의 순간에 부모의 기도 덕분에 위험에서 구원을 받습니다.

악에서 구하옵소서

우리의 기도는 허공을 치는 기도가 되어서는 안 됩니다. 적을 정확히 알고 기도의 목표를 맞추는 것이 중요합니다. 우리를 시험에 들게 하는 악의 근원은 세 가지입니다. 첫째는 우리 마음속에 있는 죄입니다. 둘째는 인간의 죄가 구조화된 세상입니다. 셋째는 유혹자 사단입니다. 지금 자기를 시험하는 것이 이 셋 중 무엇인가를 정확히 알 때 우리 기도가 효과적이 됩니다.

먼저는 우리 속에 있는 죄입니다. 인간은 태어날 때부터 죄의 본성을 가지고 태어납니다. 이 죄가 깊이 뿌리를 내리고 우리 안의 어두운 부분을 장악하고 있습니다. 우리가 시험에 넘어가는 이유는 우리 속에 있는 악함이나 욕심, 분노에 이끌리기 때문입니다. 사도 야고보는 이렇게 말씀합니다. "오직 각 사람이 시험을 받는 것은 자기 욕심에 끌려 미혹됨이니 욕심이 잉태한즉 죄를 낳고 죄가 장성한즉 사망을 낳느니라"(약 1:14-15). 우리는 이 죄의 소욕을 끊임없이 다스려야 합니다.

인디언들의 이야기 중에 이런 이야기가 있습니다. 한 늙은 인디언 노인이 자기 손자에게 인간의 내면에서 일어나고 있는 '큰 싸움'에 대해 이야기 하고 있었습니다. "얘야, 우리 모두의 마음속에는 싸움이 일어나고 있는데, 두 늑대간의 싸움이란다. 한 마리는 악한 늑대로서 그 놈이 가진 것은 분노, 시기, 슬픔, 후회, 탐욕, 오만, 자기연민, 죄의식, 원한, 열등감, 거짓, 허영, 우월감, 이기심이란다. 다른 한 마리는 좋은 늑대인데 그가 가진 것은 기쁨, 평화, 사랑, 희망, 인내, 겸손, 친절, 자비, 이해, 아량, 진실, 동정, 믿음이란다."

손자가 할아버지에게 물었습니다. "어떤 늑대가 이기나요?" 현명한 인디언 노인은 간단하게 대답하였습니다. "네가 먹이를 주는 놈이 이기지."

그렇습니다. 우리가 계속해서 먹이를 주는 쪽이 이기게 되어 있습니다. 분노는 빨리 털어내고 오래 묵상하지 않아야 합니다. 눈을 들어 악한 것을 보지 않도록 해야 하며 악과 접촉하는 기회를 줄여야 합니다. 선한 일을 많이 하고 선한 생각을 해야 합니다. "사랑합니다, 감사합니다, 믿습니다, 할 수 있습니다"라는 말을 자주 할수록 우리 안에서 선하고 긍정적인 면이 자라갑니다. 우리 안에 거룩함의 형상을 이루어가는 만큼 시험에 들거나 악에 빠질 확률 또한 적어질 것입니다.

둘째는 세상입니다. 사회는 또 하나의 인격체입니다. 개인적으로 선해도 사회 자체가 악하면 시험에서 벗어나기 어렵습니다. 예컨대 군대 문화라는 것이 그렇습니다. 술 담배를 하지 않는 신앙인들에게 군대는 커다란 시험거리가 됩니다. 일반회사의 조직문화라는 것도 그렇습니다. 술대접이나 뇌물, 탈세가 일반화된 곳에서 그런 문화를 거부하고 사업을 한다는 것이 쉽지 않습니다. 거짓과 술수가 일상화된 곳에서 정직과 온유한 자세로 살아가려면 보통 결단으로는 불가능합니다. 사회구조가 악을 범할 수밖에 없는 구조인데 개인만 탓할 수는 없습니다. 이때는 그 구조를 바꾸든지 아니면 그 구조에서 나오는 결단이 필요합니다.

셋째는 사단입니다. '다만 악에서 구하옵소서' 할 때의 이 '악'이란 단어의 헬라어 '포네루'는 중성형이면서 동시에 남성형입니다. 중성형으로 해석하면 일반적인 '악'을 말합니다. 남성형으로 해석하면 '악한 자'가 됩니다. 악한 자는 대표적으로 사단을 가리킵니다. 현대인들은 과학과 이성을 신봉하며 살기에 사단과 같은 영적 실체를 잘 믿지 않으려 합니다. 그러나 사단 마귀는 존재합니다. 사단의 가장 고차원적 수법 중에 하나는 사단을 비롯한 귀신과 같은 영적 실체들이 존재하지 않는 것처럼 사람들을 속이는 것입니다.

예수님이 가이사랴 빌립보에서 제자들에게 자신을 누구라고 생각하느냐고 물었습니다. 그때 베드로는 "주는 그리스도시요 살아계신 하나님의 아들이로소이다"(마 16:16)라는 위대한 신앙고백을 하였습니다. 그러나 주님께서 연이어 그리스도가 예루살렘에서 고난을 받고 죽임을 당할 것이라고 예언하시자 베드로는 주님을 붙들고 간하며 이렇게 말했습니다. "주여 그리 마옵소서 이 일이 결코 주에게 미치지 아니하리이다"(마 16:22). 이 말에 대해 주님은 베드로를 다음과 같이 책망합니다. "사단아 내 뒤로 물러가라 너는 나를 넘어지게 하는 자로다 네가 하나님의 일을 생각지 아니하고 도리어 사람의 일을 생각하는도다"(마 16:23).

베드로의 만류는 정말 인간적인 정에서 한 것일 수 있습니다. 그러나 실상은 사단이 가장하고 베드로를 충동질한 것입니다. 사단은 이처럼 교묘하게 우리를 죄에 빠지게 만들고 시험에 들게 합니다. 성경에서는 사단을 우리의 마음을 향하여 화살을 쏘는 자로 묘사합니다. "모든 것 위에 믿음의 방패를 가지고 이로써 능히 악한 자의 모든 화전을 소멸하고"(엡 6:16). 그 화살에 맞을 때 죄의 욕구가 일어납니다. 이때는 사단을 대적하는 기도를 해야 합니다. "나를 유혹하는 원수 마귀야! 예수의 이름으로 명하노니 물러가라"고 대적해야 합니다. 이렇게 대적하는 기도를 하고 나면 욕심과 죄의 소욕이 사라지고 마음

속에 평화가 임하는 것을 경험할 수 있습니다.

종교개혁자 루터는 마귀와 싸움을 많이 한 사람으로도 유명합니다. 보름쯔 의회라는 곳에서 종교재판이 열렸을 때 많은 사람들이 말렸지만 루터는 그곳에 가서 진리를 증언하기로 결심합니다. 그때 했던 유명한 말이 있습니다. "나는 여기 확고히 서 있다. 보름쯔 시의 기왓장 수만큼의 마귀가 있을 지라도 나는 그곳에 갈 것이다." 루터는 그곳에서 당당히 자신이 믿는 복음에 대해서 증거했고 무사히 빠져나올 수 있었습니다. 루터가 신약성경을 번역하던 곳인 왈트부르크 성의 루터 서재는 루터가 던진 잉크 자국으로 유명합니다. 루터가 성서를 번역할 때 마귀가 나타나자 그를 쫓기 위해 "마귀야 물러가라!" 하며 잉크병을 던졌는데 그 잉크 자국이 여전히 남아 있다고 합니다.

어느 날은 마귀가 루터가 집무하고 있는 서재에 루터의 모든 죄를 소상히 기록한 책을 가지고 왔던 적이 있습니다. 그 죄를 보여주며 "너 같은 놈이 무슨 종교개혁을 해"라며 비아냥대더랍니다. 그때 루터가 "이게 다냐?"고 묻자 또 있다고 하며 비슷한 두께의 두꺼운 책을 두 권 더 가지고 오더랍니다. 루터는 아무 말 없이 펜으로 붉은 잉크를 찍어서 책 한 권 한 권마다 다음과 같이 기록했다고 합니다. "그 아들 예수의 피가 우리를 모든 죄에서 깨끗하게 하실 것이요"(요일 1:7). 그러자 마귀가 물러갔다고 합니다. 루터는 사단의 정체를 알고 사단과 치열한 전투를 벌였기에 종교개혁을 성공적으로 이끌 수 있었습니다. 루터가 작사한 찬송가 384장, "내 주는 강한 성이요"는 지금도 마귀를 대적하는 전투의 치열함을 느낄 수 있습니다.

> [1절] 내 주는 강한 성이요 방패와 병기되시니 큰 환난에서 우리를 구하여 내시리로다 옛 원수 마귀는 이때도 힘을 써 모략과 권세로 무기를 삼으니 천하에 누가 당하랴
> [2절] 내 힘만 의지할 때는 패할 수밖에 없도다 힘 있는 장수 나와서 날 대신하여 싸우네 이 장수 누군가 주 예수 그리스도 만군의 주로다 당할 자 누구랴 반드시 이기리로다
> [3절] 이 땅에 마귀 들끓어 우리를 삼키려하나 겁내지 말고 섰거라 진리로 이기리로다 친척과 재물과 명예와 생명을 다 빼앗긴대도 진리는 살아서 그 나라 영원하리라

우리를 시험에 들게 하는 악의 정체가 내 속의 죄인지, 아니면 세상인지, 아니면 원수 마귀인지 분명히 알고 기도할 때 우리 기도가 허공을 치거나 향방 없는 기도가 되지 않고, 악의 시험을 효과적으로 극복할 수 있습니다.

시험을 기쁘게 여기라

이렇게 시험에 들지 않도록 기도하지만 우리는 가끔 시험에 들고 맙니다. 그렇다고 절망해서는 안 됩니다. 기도하고도 당한 시험은 오히려 축복입니다. 하나님은 그 시험을 우리를 연단하는 계기로 만드십니다. 성경은 이렇게 말씀합니다. "내 형제들아 너희가 여러 가지

시험을 만나거든 온전히 기쁘게 여기라 이는 너희 믿음의 시련이 인내를 만들어 내는 줄 너희가 앎이라 인내를 온전히 이루라 이는 너희로 온전하고 구비하여 조금도 부족함이 없게 하려 함이라"(약 1:2-4).

사실 하나님은 우리를 시험하시지 않습니다. 우리가 시험에 빠지는 것은 자기 욕심에 끌려 미혹되기 때문입니다. 하나님은 우리가 이렇게 미혹되어 시험에 빠졌을지라도 오히려 이것을 기회로 우리를 온전하고 조금도 부족함이 없는 사람으로 만드십니다. 마치 병을 흔들면 그 속에 가라 앉아 있던 온갖 더러운 것들이 떠오르는 것과 같이 모든 악들이 다 올라옵니다. 시험은 이 악을 제거하기에 가장 좋은 기회입니다. 마치 금광석이 뜨거운 용광로를 통과하면서 불순물이 빠져나오고 정금으로 빚어져 나오듯 하나님은 시련을 통해서 우리 인격을 하나님을 닮은 완전한 사람으로 만드십니다.

또한 시련은 우리를 더 단단하게 만듭니다. 하나님은 우리가 온실 속의 화초와 같은 존재가 되는 것을 원하시지 않습니다. 잡초처럼 강인한 생명력을 가진 존재가 되길 원하십니다. 군대 훈련이 그렇습니다. 계급이 낮을수록 훈련 기간이 짧고, 장교는 수개월씩 훈련시킵니다. 장교는 다른 사람을 이끌어야 할 지도자이기 때문입니다. 하나님은 우리를 졸병으로 부르지 않았습니다. 우리는 하나님 나라의 지도자요 왕 같은 존재들입니다. 주님은 이사야 선지자를 통하여서 이스라엘을 향한 기대를 이렇게 말씀하신 바 있습니다. "네 백성이 다 의롭게 되어 영영히 땅을 차지하리니 그들은 나의 심은 가지요 나의 손으로 만든 것으로서 나의 영광을 나타낼 것인즉 그 작은 자가 천을 이루겠고 그 약한 자가 강국을 이룰 것이라"(사 60:21-22).

　시험에 들고 악에 빠진 순간은 하나님께서 우리를 훈련시키기 좋은 때입니다. 그때는 우리 안에 있는 모든 죄악과 정욕을 정결케 하는 시간입니다. 그때는 우리가 그리스도의 좋은 군사로 빚어져 나오는 때입니다. 부끄러운 이야기지만 제가 새벽 기도를 처음 시작한 것도 첫사랑의 시련 때문이었습니다. 대학에 들어와서 모든 것이 자신감이 없어지고, 심한 열등감에 시달렸습니다. 여기에 사랑의 시련까지 겹치니 도무지 견딜 수 없어 가출까지 했습니다. 이 시련의 때를 극복하기 위해 마지막으로 붙잡은 것이 새벽 기도였습니다. 지금 생각하면 즐거운 추억이지만 그때는 하루하루를 기도 없이는 견딜 수 없었습니다.

　저는 그때를 계기로 본격적인 기도의 사람으로 변화되어 갔습니다. 그 훈련을 통과한 후 저는 모든 사람 앞에서 당당하고 자유한 사람이 되었습니다. 하나님은 사람을 훈련시키되 어린아이들에게는 어린아이에게 맞게, 청년들에게는 육신의 문제로, 장년들에게는 여러 생활의 문제로 연단시키십니다. 고상한 시련이 따로 있고 저급한 시련이 따로 있는 것이 아닙니다. 하나님의 손에서는 어떤 시련도 버릴 것이 없습니다. 그러므로 성경은 "여러 가지 시험을 만나거든 온전히 기쁘게 여기라"(약 1:2)고 말씀합니다.

　우리에게 무엇보다 중요한 것은 기도입니다. 특히 시험에 들지 않게 해달라는 기도입니다. 다만 악에서 구원해 달라는 기도입니다. 이렇게 기도하면 하나님께서 시험에서 지켜주실 것입니다. 악에 빠지지 않게 지켜 주실 것입니다. 설사 시험에 들었다 할지라도 기도하고 맞은 시험은 축복입니다. 하나님께서는 이 시험을 기회로 오히려 우리가 더 큰 축복의 그릇이 되도록 우리를 연단시키실 것입니다.

주님, 저희는 연약합니다. 저희를 도와주옵소서. 최선을 다하지만 악은 어느새 조그만 틈을 비집고 들어와 우리를 넘어뜨리려 합니다. 눈동자와 같이 지키시는 주님의 강한 손이 없었다면 우리는 벌써 악에 지고 말았을 것입니다. 내 속사람이 오직 하나님과 하나님 말씀을 즐거워함으로 내 안에 악이 둥지를 틀지 못하게 하옵소서. 세상의 유혹들과 거짓된 가치관들이 브라운관과 인터넷을 통해서, 세속 교육을 통해서, 이웃의 입을 통해서 끊임없이 침투하고 있습니다. 주님, 이 모든 악들이 우리와 우리 자녀들의 영혼을 노략질하지 못하도록 성령의 화염검으로 지키고 보호하여 주옵소서. 우리에게는 나사렛 예수 그리스도라는 능력의 이름이 있습니다. 그 이름으로 담대히 나아가 악한 자와 대적하여 승리하게 하옵소서.

묵상과 나눔

❶ 예수님께서 광야에서 받으셨던 세 가지 시험에 대해서 정리해 봅시다. 이 세 가지 시험은 현대를 살아가는 우리들에게도 적용 가능한 것들인지 나누어 보고 이런 유혹들을 이길 수 있는 방법에 대해서도 나누어 봅시다.

❷ 우리를 시험에 들게 하는 세 가지 악의 근원에 대해서 정리해 봅시다. 실제 자신의 삶에서는 이런 악들이 어떤 영향을 미치고 있으며, 어떻게 극복할 수 있는지 서로 나누어 봅시다.

11
그리스도인의 대선언
나라와 권세와 영광

주기도는 송영으로 마무리됩니다. 송영부의 내용을 묵상하기 전에 우리는 "나라와 권세와 영광이 아버지께 영원히 있사옵나이다 아멘"으로 끝나는 송영부가 원래 예수님께서 가르치신 주기도에 포함되어 있느냐 그렇지 않느냐에 대해 살펴봐야 합니다. 가끔 한글 성경을 읽다보면 괄호가 쳐 있는 부분이 나옵니다. 혹시 이 표시가 무엇을 의미하는지 궁금한 적이 없었습니까? 이 표시는 이 구절이 주요 성경 사본에는 빠져 있지만 일부 다른 성경 사본에는 나타나 있는 경우를 의미합니다. 한글개역 성경을 보면 주기도의 이 마지막 송영부에 괄호가 쳐 있습니다(마 6:13). 이것은 원래 마태복음에 기록된 예수님의 산상수훈 말씀에는 이 부분이 기록되어 있지 않을 가능성이 많다는 뜻입니다.

교회의 송영

옛날에는 인쇄술이나 책 만드는 기술이 발달되어 있지 않아 책을 만들 때 사람의 손으로 일일이 옮겨 적었습니다. 이것을 성경 사본이라고 합니다. 이런 사본들 중 아주 정확하고 유력한 사본들에서 이 송영부가 빠져 있고, 연대적으로 좀 후기의 사본들에서 이 송영부가 나타납니다. 이는 동일한 내용의 주기도를 싣고 있는 누가복음 본문에서도 확인 할 수 있습니다. 누가복음 11장 2-4절의 주기도 본문에는 아예 이 송영부가 빠져 있습니다. 그래서 한글 성경 외에 영어권 성경 중에 RSV나 NIV 성경은 이 부분을 생략하고 있으며, 반면에 킹 제임스 성경은 살려놓고 있습니다.

여러 증거로 보면 주기도의 이 송영부는 예수님께서 직접적으로 가르치신 말씀이 아닐 가능성이 높습니다. 그렇다면 이 송영부는 어떻게 해서 생긴 것일까요? 이 송영부와 유사한 구절은 역대상 29장 11-13절의 다윗의 찬양입니다. "… 하늘과 땅에 있는 모든 것이 다 주의 것입니다. 그리고 이 나라도 주의 것입니다. 주께서는 만물의 머리되신 분으로 높임을 받아 주십시오! 부와 존귀가 주께로부터 나오고, 주께서 만물을 다스리시며, 주의 손에 권세와 능력이 있으시니 …"(표준새번역). 이런 형식의 감사와 송영은 구약과 신약의 곳곳에서 나옵니다. 유다서 1장 25절도 대표적입니다. "곧 우리 구주 홀로 하나이신 하나님께 우리 주 예수 그리스도로 말미암아 영광과 위엄과 권력과 권세가 만고 전부터 이제와 세세에 있을지어다 아멘." 이 송영들은 모두 하나님의 영광에 대해 찬양하는 교회의 송영들입니다. 이처럼 주기도의 송영부도 교회의 응답의 찬양일 가능성이 높습니다. 주님께서 가르쳐 주신 위대한 주기도의 여섯 가지 간구를 마치며 우리 마음속에서 주님을 향한 찬양이 우러나오는 것은 당연한 반응 아니겠습니까? 그래서 이렇게 외칩니다. "나라와 권세와 영광이 아버지께 영원히 있사옵나이다 아멘."

시편이 이러한 것들을 볼 수 있습니다. 시편에는 고통과 시련 속에서 하나님을 향해 부르짖고 탄식하는 탄원시들이 가장 많은 수를 차지하고 있습니다. 시인들은 "하나님 살려주십시오!", "하나님 어느 때까지 잠잠하시겠나이까?"라고 부르짖지만 그 마지막은 "할렐루야!", 즉 "하나님을 찬양하라"는 송영으로 맺고 있습니다. 시편 146편부터 마지막 150편까지 모든 시편이 할렐루야로 시작해서 할렐루야로 마치고 있다는 점이 그것을 증명합니다. 이처럼 주님께서 가르쳐주신 주기도의 마지막도 당연히 그래야 한다는 것이 교회의 생각이었습니다. 전통적으로 교회는 이 마지막 송영부를 주기도의 마무리 송영으로 고백해왔습니다. 이런 점에서 본다면 주기도는 예수님의 가르침과 교회의 응답이 완벽한 조화를 이루고 있다 할 것입니다.

설명해야 할 것이 또 하나 있습니다. 찬송가나 성경 표지에 실려 있는 주기도문 모범에는 "대개 나라와 권세와 영광이 아버지께 영원히 있사옵나이다"로 되어 있어 마태복음 본문에 없는 단어 '대개'가 더 들어가 있습니다. '대개'라는 말의 뜻이 어렵기 때문에 주기도문을 낭송하면서도 그 정확한 의미를 모르고 반복하는 경우가 대부분입니다. '대개'란 단어는 국어 사전에 보면 '일의 큰 원칙으로 보건데'라는 뜻으로 나와 있습니다. 이 말 뜻도 어렵습니다. 헬라어 원문으로 보면 쉬운데 이 단어는 '호티'입니다. 그 뜻은 '왜냐하면'으로 논리적 이유를 설명하는 접속사입니다. 영어에서는 'for'로 번역하고 있습니다. 1950년대에 성경을 한글 개역판으로 번역하면서 이 '대개'라는 단어가 마치 '대충', '대체로' 등의 부정적인 어감으로 들린다 하여 빼버렸습니다. 그러나 한국교회 전통적 고백을 살려 찬송가나 성경 표지에 기록된 주기도문에는 '대개'라는 단어를 그대로 살리고 있습니다.

결국 '대개'를 포함한 마지막 송영부의 의미는 '우리가 이렇게 하나님께 기도를 드리는 이유는 나라와 권세와 영광이 아버지께 영원히 있기 때문입니다'라는 뜻입니다. 이는 첫째, '모든 나라와 권세와 영광은 오직 주님의 것입니다'라는 찬양의 고백이며, 둘째, '주님은 마땅히 우리의 기도와 찬양을 받으실 자격과 능력이 있습니다'라는 믿음의 고백입니다.

나라와

'나라'는 세상의 나라들처럼 통치권을 가지고 다스리는 국가를 말합니다. 세상에 많은 나라가 있지만 영원히 지속된 나라가 없습니다. 고대 바벨론, 페르시아, 헬라, 로마, 징기스칸 제국, 나폴레옹 제국에 이르기까지 몇백 년을 지속한 나라가 없습니다. 그러나 하나님께서 세우시는 나라는 영원하다는 고백입니다. 다니엘서에는 하나님 나라를 세상 나라를 파하고 태산을 이루는 공중에 뜨인 돌에 비유합니다.

어느 날 느부갓네살이라는 바벨론 왕이 꿈을 꾸었습니다. 왕이 꿈 속에서 큰 신상을 보았는데 그 머리가 정금이요, 가슴과 팔은 은이요, 배와 넓적다리는 놋이요, 그 종아리는 철이고, 그 발은 철과 진흙입니다. 이 두려운 신상을 바라보고 있는데 갑자기 뜨인 돌 하나가 날아들더니 그 우상을 쳐서 산산 조각을 냅니다. 그리고 그 돌이 태산을 이루어 온 세계에 가득한 꿈이었습니다.

다니엘은 느부갓네살의 꿈을 이렇게 해석합니다. 우상을 구성하고 있는 정금과 은과 놋과 철과 진흙은 장차 역사 속에서 전개될 세상 나라들입니다. 바벨론, 페르시아, 헬라, 로마제국 등의 나라입니다. 그러나 이 나라들은 영원히 지속하지 못할 세상 나라들입니다. 이 우상을 깨뜨리고 태산을 이루는 뜨인 돌은 곧 하나님의 나라를 말합니다. 다니엘은 그 하나님 나라를 다음과 같이 설명합니다. "이 열왕의 때에 하늘의 하나님이 한 나라를 세우시리니 이것은 영원히 망하지도 아니할 것이요 그 국권이 다른 백성에게로 돌아가지도 아니할 것이요 도리어 이 모든 나라를 쳐서 멸하고 영원히 설 것이라"(단 2:44).

세상 나라는 잠깐입니다. 오직 하나님 나라만이 영원합니다. '나라가 하나님께 영원히 있사옵나이다' 라는 주기도의 송영을 통해 우리는 이 모든 나라의 궁극적인 통치자는 우리 하나님 한 분 뿐임을 고백합니다. 우리 몸은 비록 세상 나라에 살고 있지만 우리의 시민권은 하늘나라에 있습니다. 이 땅에 살면서 세상의 법과 도덕을 지키지만 우리의 궁극적인 헌법은 하나님 말씀입니다. 예수님께서는 빌라도 앞에서 심판을 받으실 때 이렇게 고백하였습니다. "예수께서 대답하시되 내 나라는 이 세상에 속한 것이 아니라 만일 내 나라가 이 세상에 속한 것이었더면 내 종들이 싸워 나로 유대인들에게 넘기우지 않게 하였으리라 이제 내 나라는 여기에 속한 것이 아니니라"(요 18:36).

초대교회 교인들은 영원한 하나님 나라의 도래를 믿어 의심치 않았기에 온갖 박해에도 굴하지 않았습니다. 그들은 잠깐 있다 사라질 로마제국의 심판을 두려워한 것이 아니라 영원한 하나님의 심판을 두려워했기에 순교도 마다하지 않았습니다. 종교개혁기에도 많은 박해들이 있었지만 개혁가들은 화형을 당하면서도 그들의 믿음을 저버리지 않았습니다. 그들은 시편의 기자들처럼 "어찌하여 열방이 분노하며 민족들이 허사를 경영하는고 … 하늘에 계신 자가 웃으심이여 주께서 저희를 비웃으시리로다"(시 2:1,4) 하며 영원한 나라에 충성을 다하였습니다. 영원한 나라를 바라보는 자는 세상 나라의 위력에 굴하지 않습니다.

그런 점에서 주기도는 매우 정치적이라 할 수 있을 것입니다. 신앙인들은 '나라가 하나님께 영원히 있사옵나이다' 라는 주기도의 고백을 습관적으로 하기 때문에 그 고백이 갖는 정치성을 의식하지 못합니다. 현 시대는 초강대국 미국과 여러 강대국들이 힘의 논리로 국제 정치를 좌우하고 있습니다. 이런 세계 정치 현실 속에서 나라가 영원히 하나님께 있다는 고백은 세계 정치를 좌우하는 것은 미국의 백악관이 아니고 우리 하나님이라는 선언입니다. 비록 강대국의 논리와 약육강식의 법칙에 따라 세계사가 진행되는 것 같지만 결국 그들의 계획은 수포로 돌아가고 오직 하나님의 뜻만이 영원히 설 것이라는 확신입니다. 이사야 선지자의 담대한 선언을 보십시오. "보라 그에게는 열방은 통의 한 방울 물 같고 저울의 적은 티끌 같으며 섬들은 떠오르는 먼지 같으니"(사 40:15). 그래서 신앙인은 국제정치의 냉엄한 현실 속에서도 결코 절망하지 않습니다.

국내정치도 마찬가지입니다. 나라의 주권자가 하나님이시기에 우리는 어떤 절대 주권도 인정하지 않습니다. 교회는 세상 정부에 대해서 마치 영원한 비판자처럼 삽니다. 그런데 이런 비판자적인 삶이 오히려 세상 정부로 긴장하게 만들고 선한 길로 가도록 이끕니다. 어떠한 권력도 하나님의 세우심이 없이는 설 수 없습니다. 그중에는 선한 도구로 사용되는 권력도 있고, 악한 도구로 쓰이는 권력도 있습니다. 모든 부르심과 세우심에는 하나님의 뜻이 있습니다. 그러므로 우리는 권력에 대하여 지나친 희망도 지나친 절망도 아니하며 오직 주의 뜻을 이루는 데 전력을 다합니다. 신앙인이 하나님 나라와 하나님의 주권에 주목하면 할수록 역설적으로 세상은 더 아름답게 됩니다. 만약 세상이 변화하지 않고 있다면 그것은 교회가 세상과 타협했다는 증거입니다.

권세와

권세는 '두나미스', 곧 '파워'입니다. 파워는 힘이며 능력입니다. 모든 파워가 하나님께 있다는 고백은 하나님만이 온 우주 만물을 다 스린다는 고백입니다. 다윗은 역대기서에서 이렇게 고백합니다. "여호와여 광대하심과 권능과 영광과 이김과 위엄이 다 주께 속하였사오니 천지에 있는 것이 다 주의 것이로소이다 여호와여 주권도 주께 속하였사오니 주는 높으사 만유의 머리심이니이다"(대상 29:11). 그렇습니다. 모든 주권이 주님께 있습니다. 모든 피조물을 다스리시는 분은 하나님이십니다. 이것이 권세가 주님께 있다는 말씀입니다.

예수님께서는 마태복음 28장 18절에서 "하늘과 땅의 모든 권세를 내게 주셨다"고 선언합니다. 에베소서에서는 예수님을 "모든 정사와 권세와 능력과 주관하는 자와 이 세상뿐 아니라 오는 세상에 일컫는 모든 이름 위에 뛰어나시며, 만물을 그 발 아래 복종하게 하시고 그를 만물 위에 교회의 머리가 되신" 분으로 고백합니다(엡 1:21-22).

우리들의 고백은 어떻습니까? 모든 권세가 하나님께 있음을 인정합니까? 아니면 여전히 세상 권세를 더 무서워하고, 어둠의 주관자나 악의 영을 더 무서워합니까? 이 고백은 우리가 진정 두려워해야 할 분이 누구인지를 분명하게 합니다. 스코틀랜드 종교개혁을 이끌었던 사람은 존 낙스입니다. 당시 영국의 여왕은 메리 여왕이었습니다. 이 여왕은 '피의 여왕'이라 불릴 정도로 종교개혁 세력을 박해했습니다. 그런데 이런 메리 여왕조차도 "영국의 1만 군대보다도 존 낙스의 기도가 더 두렵다"라고 고백했습니다. 한 인간 존 낙스가 이렇게 위대한 능력을 발휘할 수 있었던 것은 그가 하나님의 권세가 가장 위대하고 영원하다고 믿었기 때문입니다. 존 낙스는 "기도하는 한 사람은 기도하지 않는 한 민족보다 강하다"라고 말하기도 하였는데 이는 하나님의 권세는 기도하는 자에게 주어짐을 믿었기 때문입니다.

그렇지만 하나님의 권세는 군림하고 폭력을 행사하는 그런 권세가 아닙니다. 그 권세는 낮아짐의 권세요 섬김에서 나오는 권세입니다. 우리는 마치 십자군 전쟁을 일으켜 승리를 얻거나, 각처에서 그리스도인이 높은 자리를 차지하여 권력을 쟁취하는 것이 권세 있는 삶이라 생각합니다. 이런 세상의 권세는 자기 자신만 자유롭게 하며 다른 사람은 그 밑에 굴종하게 만듭니다. 그렇지만 다른 사람을 누르고 권좌에 앉은 사람 또한 자유롭지 못합니다. 언제 공격받을지 몰라 불안하기 때문입니다.

주님의 권세는 모든 사람을 살리는 권세입니다. 주님의 권세는 십자가에서부터 흘러나오고 있습니다. 주님은 가장 낮은 곳에 계시면서 모든 사람을 높여주십니다. 마치 바다와 같은 권세입니다. 물은 가장 낮은 곳을 향해 흘러가지만 결국은 그 물이 모여 큰 대양을 이룹니다. 바다는 위엄과 권세가 있습니다. 그 권세는 낮아짐의 결과 얻어진 것입니다. 이처럼 주님의 권세는 섬기고 낮아지는 겸손한 권세입니다. "인자의 온 것은 섬김을 받으려 함이 아니라 도리어 섬기려 하고 자기 목숨을 많은 사람의 대속물로 주려 함이니라"(막 10:45). 예수님은 본래 하나님이시지만 피조물처럼 낮아지셨습니다. 비천한 마구간에서 태어나시고, 이 세상의 가난한 자들, 병들고 상처받은 자들, 죄인들과 어울려 사셨습니다. 그리고 죄인으로 정죄함을 받아 십자가에 달려 돌아가셨습니다. 이 세상에서 가장 낮은 곳은 갈보리의 십자가입니다. 갈보리보다 더 낮은 곳은 없습니다. 예수님은 가장 낮은 그곳에서 모든 인간들을 높여주십니다. 하나님 나라의 진리는 이처럼 가장 낮은 자가 가장 높은 자가 된다는 역설에 근거하고 있습니다. "이러므로 하나님이 그를 지극히 높여 모든 이름 위에 뛰어난 이름을 주사 하늘에 있는 자들과 땅에 있는 자들과 땅 아래 있는 자들로 모든 무릎을 예수의 이름에 꿇게 하시고"(빌 2:9-10). 진정한 권세는 낮아짐에 있습니다.

영광이

모든 영광도 또한 주님의 것입니다. 이 영광은 승리의 영광입니다. 세상에 많은 신이 있고, 세상에 많은 군왕과 세력들이 있을지라도 궁극적인 승리는 하나님께로 돌아갑니다. 세상 나라와 주관자들과 악의 세력들의 경영은 모두 허사로 돌아가고 오직 하나님의 뜻만이 온전히 설 것입니다. 요한계시록에는 온 피조물들이 하나님을 향하여 다음과 같이 찬양하는 장면이 있습니다. "내가 또 들으니 하늘 위에와 땅 위에와 땅 아래와 바다 위에와 또 그 가운데 모든 만물이 가로되 보좌에 앉으신 이와 어린 양에게 찬송과 존귀와 영광과 능력을 세세토록 돌릴지어다 하니"(계 5:13).

오직 영광을 받으실 분은 하나님 한 분 뿐이십니다. 인간은 그 피조물에 불과합니다. 우리의 불행은 하나님이 받으셔야 할 영광을 인간이 취하려 하는 데 있습니다. 창세기 11장에 보면 인간들이 바벨탑을 쌓는 장면이 나옵니다. 바벨탑을 쌓은 이유를 성경은 이렇게 밝히고 있습니다. "또 말하되 자, 성과 대를 쌓아 대 꼭대기를 하늘에 닿게 하여 우리 이름을 내고 온 지면에 흩어짐을 면하자"(창 11:4). 인간의 이름을 빛내자는 의도입니다. 옛날에는 인간 왕들이나 영웅들이 그 영광의 자리를 차지하였습니다. 현대는 어떤 한 개인의 영광을 찬양하지는 않습니다. 반면에 인간 집단 자체가 영광을 차지하려 합니다. 휴머니즘이라는 이름으로 마치 인간이 이 세계의 주인인 것처럼 행세합니다. 민족주의가 신의 영광을 취하려 합니다. 이성과 과학 또한 원래 그것의 자리인 겸손의 자리에 앉아야 합니다. 하나님이 만드신 법칙이 하나님의 자리를 차지해서는 안 됩니다.

가장 겸손해야 할 것은 역시 인간들입니다. 인간은 우주라는 자연의 일부이며, 하나님을 대신하여 피조물을 다스리라는 명령을 받았을 뿐입니다. 이 다스림은 폭력이나 군림이 아니라 섬김입니다. 그 다스림도 타락 이후에는 권위를 많이 잃어버렸습니다. 그런데 마치 자신이 주인인 것처럼 신이 가진 영광의 자리를 차지하려 한다면 진짜 주인께서 오실 때 내침을 당하게 될 것입니다. 주기도 송영부의 찬양은 우리 인간들로 하여금 겸손함을 배우게 합니다.

종교개혁자 칼빈의 신학과 신앙의 핵심은 바로 이 '하나님의 영광'에 있습니다. 칼빈은 예정론으로 유명합니다. 예정론은 구원받을 자를 하나님께서 미리 선택했다는 교리입니다. 이 예정론을 주장하게 된 근본 이유가 하나님의 영광 때문입니다. 인간을 압도하는 하나님의 영광은 그의 전지하고 전능하신 능력에서 나타납니다. 하나님이 전지하시고 전능하시다면 우리의 구원도 미리 알고 계시며 미리 결정할 수 있어야 합니다. 예정을 못한다면 그 신은 전능한 영광의 신이 아니라 부족한 신이 되고 말 것입니다. 이 예정론은 인간의 자기주장이나 자기 의를 무력화시킵니다. 구원을 얻는 과정에서 인간이 한 일은 아무것도 없습니다. 심지어 믿음이라는 것 조차도 인간의 대단한 결단의 산물이 아니라 하나님의 은혜의 선물일 뿐입니다. 우리는 영광스런 하나님의 선택하심 앞에 단지 찬양하고 감사만 드릴 수 있을 뿐입니다.

칼빈의 예정론과 관련하여 다음과 같은 일화가 있습니다. 칼빈의 제자 중 한 사람이 칼빈의 예정론은 이해하겠는데 유기론(遺棄論), 즉 하나님께서 버림받을 자를 미리 택정하셨다는 교리는 하나님의 사랑과 위배되기에 도무지 받아들이기 어려웠습니다. 그래서 마지막 임종을 앞 둔 칼빈에게 가서 유기론은 취소하는 게 좋지 않겠느냐고 말했습니다. 그때 칼빈은 이렇게 대답했다고 합니다. "나도 어쩔 수 없다. 성경에 그렇게 써 있다." 칼빈은 인간이라는 존재의 자기 논리나 경험보다 늘 성경을 앞세웠습니다. 이런 태도가 가능했던 것은 칼빈이 무엇보다 하나님의 주권을 철저히 인정했기 때문입니다. 신의 영광 앞에 인간은 아무것도 아니라는 분명한 신앙이 있었기 때문입니다. 오늘날 지나치게 인간 중심적이고, 이성이 앞서가는 시대에 귀담아 들어야 할 교훈입니다. 우리가 다 이해하지 못한다 할지라도 지구는 돌아가고 심장은 뛰고 있습니다.

하나님의 영광에 철저했던 칼빈은 죽어서도 자기 묘비명을 세우지 못하게 했습니다. 인간이 영광을 받을까 두려웠기 때문입니다. 이 유언대로 칼빈은 묘비도 없이 제네바의 한 공동묘지에 묻혔습니다. 칼빈은 1564년에 51세의 나이로 죽었는데 이 유언은 그로부터 266년 후에 깨어지고 맙니다. 칼빈을 흠모했던 어떤 사람이 칼빈의 묘을 찾아서 그 앞에다 묘비를 세우고 말았습니다. 그렇지만 이 사람도 칼빈의 유언을 무시할 수 없었던지, 요한 칼빈이라는 이름의 이니셜인 J.

C'만 새겨놓았습니다. 그런데 그로부터 169년이 지난 1999년에 제네바 시의회는 칼빈 묘에 대대적인 성역화 작업을 하여 정식 묘비명을 세우고 말았습니다. 한낱 피조물의 이름을 높이고자 하는 인간의 욕망을 막을 수 없었던 것입니다.

아버지께 영원히 있사옵나이다

"나라와 권세와 영광이 아버지께 영원히 있사옵나이다"라는 기도는 우리가 기도하는 대상인 하나님이 어떤 분이시며, 그 분에게 마땅히 돌려드려야 할 것은 무엇인지를 생각하게 합니다. 동시에 이 기도를 드리는 인간이란 존재는 무엇이며, 무엇을 위해서 살아야 하는지 잘 보여줍니다.

또한 마지막의 이 송영부는 앞에서 드렸던 여섯 가지 간구를 포함한 우리의 모든 기도가 헛되지 않고 반드시 응답될 것이라는 확신을 표현하고 있습니다. 모든 나라가 하나님의 것이고, 모든 권세가 하나님의 것이며, 모든 영광이 우리 하나님 아버지께 영원히 있다면 그분이 못 이루실 것은 하나도 없습니다. 예수님께서는 "믿는 자에게는 능치 못할 일이 없느니라"(막 9:23)고 말씀하셨습니다. 또 "진실로 너희에게 이르노니 너희가 만일 믿음이 한 겨자씨만큼만 있으면 이 산을 명하여 여기서 저기로 옮기라 하여도 옮길 것이요 또 너희가 못할 것이 없으리라"(마 17:20)고 말씀하셨습니다.

여기서 믿는다는 것은 무엇을 믿는다는 말입니까? 내 힘입니까? 자기 확신입니까? 운명입니까? 사람입니까? 세력입니까? 아닙니다.

바로 하나님에 대한 믿음입니다. 우리가 기도하는 하나님은 모든 나라와 권세와 영광을 소유하신 분이십니다. 우리의 기도를 받으시는 분은 다름 아닌 우리의 아버지 되시는 분이십니다. 그렇다면 우리 기도는 반드시 이루어질 것입니다.

주기도의 마지막 송영부는 앞서 있는 다른 기도들보다 특별히 더 소리 높여서 외칠 필요가 있습니다. 이는 세상 나라와 권세와 영광들을 향하여 잠잠할 것을 촉구하는 명령입니다. 이는 우리 모든 기도가 반드시 응답되며 모든 것은 결국 하나님의 뜻대로 이루어질 것이라는 확신입니다. 이는 하나님 나라만이 영원하며, 하나님의 권세만이 유일하며, 하나님만이 영광 받으실 지극히 높으신 분임을 온 세계에 선포하는 그리스도인의 대선언입니다.

전능하시고 거룩하신 하나님 아버지여, 나라들이 소동하며 민족과 민족이 대적하여 일어나지만 모든 나라의 주권은 오직 우리 주 하나님께만 있음을 고백합니다. 초강대국들이 절대강자처럼 행세하지만 그들의 나라는 풀의 꽃과 같이 곧 시들 것이며 하나님의 나라만이 영원할 것입니다. 우상의 권력들이 스스로 높은 자리에 앉아 세상을 심판하며 자기 이름을 드러내려 하지만 영원하며 유일한 권세는 하나님의 권세뿐임을 고백합니다. 어떤 영적인 어둠의 세력 또한 하나님의 택하신 자들을 침범치 못할 것입니다. 모든 이념, 사상, 제도, 이성, 그리고 어떤 인간이나 나라나 민족도 하나님의 영광을 대신할 수 없습니다. 인간은 땅에 있고 하나님은 하늘에 계시니 모든 인간은 그 앞에서 잠잠할지어다. 보이는 것과 보이지 않는 모든 만물의 창조주시요 지존하시고 영원하신 하나님만이 홀로 영광을 받으소서.

묵상과 나눔

❶ 주기도를 입으로 낭송하되 "나라와 권세와 영광이 아버지께 영원히 있사옵나이다" 이 구절을 소리를 높여서 고백해 봅시다. 어떤 느낌이나 생각이 드는지 서로 나누어 봅시다.

❷ 칼빈 신학의 핵심인 '하나님의 영광'에 대해서 정리하고 인간 중심적으로 돌아가고 있는 현대 사회에 어떻게 적용할 수 있는지 나누어 봅시다.

❸ 혹시 자신 안에 하나님만이 유일한 권세이심을 인정하지 못하는 모습은 없습니까? 직장에서, 가정에서, 학교에서 하나님 외에 다른 것들의 권세에 눌려서 하나님을 바라보지 못 할 때는 없는지 생각해 보고 하나님의 용서와 도우심을 간구합시다.

12

기꺼이 순종합니다

아멘

주기도의 모든 기도는 아멘으로 마칩니다. 주기도뿐만 아니라 우리 모든 기도 또한 아멘으로 끝을 맺습니다. 그래서 아멘은 마치 계약서에 최종적으로 도장을 찍는 것과 같습니다. '이상의 모든 내용은 옳습니다.' '이상의 내용 그대로 따르겠습니다.' '이상의 내용들은 그대로 실현될 것으로 믿습니다.' 이런 고백들이 담겨 있는 것이 아멘입니다. 그러므로 아멘으로 응답하지 않은 기도는 도장 없는 계약서처럼 효과가 없다 할 것입니다. 계약서에서도 중요한 내용에 대해서는 도장을 한 번 더 찍듯이 우리는 예배나 기도 중간에도 감동이 될 때는 아멘으로 응답합니다. 아멘이 없는 기도는 죽은 기도나 다름없습니다. 모든 기도에는 진실과 믿음과 결단과 순종이 담겨 있어야 합니다. 기도 중 소리치는 "아멘"이 바로 이런 의미들을 담고 있습니다.

아멘은 본래 "진실로 그렇다"는 뜻이지만 성경에서 주로 세 가지 의미로 사용됩니다. 첫째는 앞서 한 말이나 기원에 대해 '동의'할 때 사용합니다. "진실로 이 말에 동의 합니다, 진실로 그렇습니다"라는 뜻입니다. 둘째는 예배의식이나 기원에서 하나님을 향한 '찬양'으로 사용합니다. "진실로 찬양합니다"의 의미입니다. 셋째는 앞서 드린 기도에 대해 이루어주실 것을 믿는 확신의 '믿음'을 표현할 때 사용합니다. "진실로 그렇게 될 것으로 믿습니다"라는 뜻입니다.

동의 : "진실로 그렇습니다."

아멘은 원래 강한 긍정의 의미로 사용되었습니다. 신명기서 27장에는 12개의 저주문이 나옵니다. "그 부모를 경홀히 여기는 자는 저주를 받을 것이라"고 레위인들이 외치면 모든 백성은 이에 대해서 "아멘"(신 27:16)으로 화답해야 했습니다. "그 이웃의 지계표를 옮기는 자는 저주를 받을 것이라 할 것이요 모든 백성은 아멘 할지니라 소경으로 길을 잃게 하는 자는 저주를 받을 것이라 할 것이요 모든 백성은 아멘 할지니라"(신 27:17-18). 이런식으로 12개의 저주에 대해서 이스라엘 백성들은 모두 "아멘"으로 응답합니다. 결국 이 때의 '아멘'은 "동의합니다"라는 뜻입니다. 하나님 말씀을 어기면 저주를 받아 마땅하다는 동의입니다. 이런 점에서 주기도의 마지막을 '아멘'으로 마치는 것은 계약서를 다 쓰고 도장을 찍는 것과 같다 할 것입니다.

Q : 하늘에 계신 우리 아버지의 이름이 거룩히 여김을 받기를 원하십니까?

A : 네, 그렇습니다.

Q : 하나님 나라가 임하기를 원하십니까?

A : 네, 그렇습니다.

Q : 뜻이 하늘에서 이룬 것같이 땅에서도 이루어지기를 원하십니까?

A : 네, 그렇습니다.

Q : 오늘 일용할 양식을 받기를 원하십니까?

A : 네, 그렇습니다.

Q : 우리에게 죄 지은 자를 사하여 준 것같이 우리 죄 사함 받기를 원하십니까?

A : 네, 그렇습니다.

Q ; 우리를 시험에 들게 하지 마옵시고 다만 악에서 구하시옵기를 원하십니까?

A : 네, 그렇습니다.

Q : 나라와 권세와 영광이 아버지께 영원히 있음을 믿습니까?

A : 네, 그렇습니다.

이렇게 사인을 해 놓고도 지키지 않으면 계약 위반입니다. 인간은 얼마나 자기 말에 대해서 불성실한지 모릅니다. 마음에 없는 말을 발설하기도 하고, 말을 해 놓고도 식언을 하기가 일쑤입니다. '식언(食言)'은 '말을 먹는다' 는 뜻입니다. 열심히 또 간절히 기도해 놓고는 성전을 내려갈 때는 무엇을 기도했는지조차 기억하지 못합니다. 성경을 읽을 때는 그렇게 살겠다고 결심하다가도 성경을 덮자마자 옛 사람으로 돌아가고 맙니다. 이렇듯 밥 먹듯이 약속을 어기는 우리들의 모습을 보노라면, 과연 기도의 마지막에 이 '아멘'이라는 사인을 해도 되는 건지 회의가 들 때가 있습니다.

오늘날 우리 한국교회의 위기는 기도의 위기입니다. 기도가 진실하지 않습니다. 기도한 대로 살려고 노력하지 않습니다. 주님께서는 산상수훈 말씀을 마무리하며 "나더러 주여 주여 하는 자마다 천국에 다 들어갈 것이 아니라"고 말씀하셨습니다. "다만 하늘에 계신 내 아버지의 뜻대로 행하는 자라야 들어갈 수 있다"고 말씀합니다(마 7:21). "주여! 주여!"는 기도할 때 부르짖는 음성입니다. 천국은 기도 많이 하는 자가 들어가는 나라가 아닙니다. 말씀대로 행하는 자가 들어가는 나라입니다. 그렇다면 기도할 필요가 있는가? 예, 절대적으로 필요합니다. 우리가 간절히 기도해야 하는 이유는 말씀대로 잘 행하기 위해서입니다. 기도는 곧 행동입니다. 그래서 기도의 마지막에 사인처럼 하는 '아멘'은 "이 기도는 거짓이 아닙니다. 저는 이렇게 살기를 원합니다"라는 결단의 의미가 있습니다.

'계약'을 구약 히브리어로 '베리트'라고 합니다. 그 의미는 '자르다, 쪼개다'입니다. 고대인들은 계약을 맺을 때 염소나 양을 둘로 쪼개서 벌려 놓습니다. 그리고는 이 두 사이를 계약 당사자가 지나갑니다. 이 의미는 계약을 위반한 사람은 이렇게 둘로 쪼갬을 당해도 무방하다는 표시입니다. 결국 서로 계약을 맺는다는 것은 약속을 어길 시에는 무서운 결과까지도 감수하겠다는 뜻입니다.

창세기 15장에 보면 아브라함과 하나님이 이런 계약을 맺습니다. 그런데 재미있는 것은 이 쪼갠 고기 사이를 하나님만 지나고 아브라함은 지나지 않는다는 것입니다. 이는 이 약속을 준수할 책임이 하나님에게만 있다는 뜻입니다. 이것이 은혜입니다. 인간은 계약을 성취할 능력이 없습니다. 섣불리 인간이 이 계약에 동의하다가는 무거운 짐을 얹은 꼴이 되고 말 것입니다. 하나님은 인간의 연약함을 아시기에 자신만 그 사이를 통과하십니다. "너희는 잊어버릴지라도 나는 반드시 기억하고 이 계약을 성취할 것이다"라는 하나님의 의지를 밝힌 것입니다.

우리가 하나님을 '성실하신 하나님'이라고 고백하는데 이는 하나님의 부지런하신 성품을 의미하는 것이 아닙니다. 인간과 맺은 언약을 잊지 않으시고 끝까지 성취해 나가시는 약속에 신실하신 하나님의 모습을 가리켜 '성실하시다'라고 고백합니다. 실로 우리 인간의 소망이 바로 여기에 있습니다. 우리가 예수 그리스도를 통하여 하나님의 자녀가 되고 하나님의 백성이 된 것은 우리 노력으로 된 것이 아닙니다. 계약을 이루어 가시는 하나님의 성실하심 덕분입니다. 인간은 실패하고 잊어버렸지만 하나님은 잊지 않고 자신의 약속을 지키셨습니다.

아멘의 위력이 바로 여기에 있습니다. 우리는 기도하고 그 마무리를 '아멘'으로 도장 찍고도 금방 잊어버립니다. 그러나 하나님은 그 기도를 결코 잊지 않으십니다. 사실 기도의 마지막에 하는 이 '아멘'은 '하나님의 아멘'입니다. 우리는 잊어버리지만 하나님은 우리 기도를 기억하셨다가 반드시 이루어주실 것이라는 약속입니다. 그래서 때로 기도 노트가 필요할 때가 있습니다. 우리가 드렸던 기도 제목들을 노트에 기록해 두는 것입니다. 그러다 가끔 과거의 기도 내용들을 들여다보면 깜짝 놀랄 때가 많습니다. 하나님께서 우리 모든 기도들을 다 이루어 주셨기 때문입니다.

제 목회 인생을 보면서도 하나님의 이 성실하심을 깨닫습니다. 젊은 시절 저는 한국 사회의 어려운 현실과 한국 교회의 맛 잃은 소금이 되어버린 모습을 보며 자주 눈물을 흘리며 기도했습니다. 이 땅에 하나님의 나라와 주권이 임하기를 소망하며 간절히 기도하였습니다. 한국교회가 새롭게 되어 이 민족을 섬기기를 바라며 기도했습니다. 그 당시 그렇게 기도할 때의 제 마음은 '아멘'의 뜻 그대로 진실한 것이었고, 그 기도에 전적으로 동의하며 그렇게 살겠다는 자세였습니다. 그런데 인간은 간사한지라 그렇게 간절히 기도해 놓고도 쉬 잊어 버립니다. 생활에 끌려 이리저리 살다보니 젊은 시절의 기도들은 한 때의 추억으로 잊혀지나 싶었습니다. 그런데 하나님께서는 이 기도들을 잊지 않으셨습니다.

때가 되매 제가 젊은 시절 기도했던 대로 살 수 있는 길로 저를 인도하셨습니다. 하나님은 기존 교회 담임목회자로 가는 편안한 길을 막으셨습니다. 대신 구체적인 방법으로 교회 개혁과 북한선교의 비전을 향하여 나갈 수 있도록 저를 이끌어 가셨습니다. 젊은 시절 함께 고민하며 기도했던 믿음의 동역자들도 다시 만나게 해주셨습니다. 이런 과정들을 보며 참으로 신기하다는 생각이 들었습니다. 근

20년 동안 잊혀졌다고 생각했는데 하나님께서는 잊지 않으시고 성취해 나가십니다.

그래서 기도할 때 우리에게는 진실된 마음으로 기도하는 것만이 필요합니다. 그러면 하나님께서 그 기도가 성취되는 방향으로 우리를 인도해 가십니다. 아멘으로 사인한 계약서를 우리는 잊어버릴지 모르지만 하나님은 반드시 기억하셨다가 성취하시는 분이십니다.

찬양 : "진실로 찬양합니다."

성경에서 아멘을 가장 많이 사용할 때는 찬양의 맥락에서입니다. 시편 41편 13절에서는 "여호와 이스라엘의 하나님을 영원부터 영원까지 찬송할지로다" 다음에 "아멘 아멘" 하고 '아멘'이 두 번 연거푸 나옵니다. 시편 106편 48절도 마찬가지입니다. "여호와 이스라엘의 하나님을 영원부터 영원까지 찬양할지어다 모든 백성들아 아멘 할지어다 할렐루야." 빌립보서 4장 20절에서는 "하나님 곧 우리 아버지께 세세 무궁토록 영광을 돌릴지어다 아멘"으로 끝맺고 있습니다. 아멘은 찬양의 응답입니다. "나라와 권세와 영광이 아버지께 영원히 있사옵나이다"라는 송영에 "아멘" 하는 것은 "진실로 그렇습니다. 주님을 찬양합니다"의 뜻입니다.

우리 삶에서 필요한 것이 바로 이 찬양의 회복입니다. 삶이 힘들 때는 감탄의 말이 줄고 감동이 없습니다. 하나님께서 만드신 자연 만물을 바라볼 때도, 가을이 되어 밤송이나 온갖 과실들이 영글어 가고 황금 들녘으로 바뀌어 가는 들판을 보면서도 감동이 없습니다. 우리들이 매일처럼 대하는 사람들도 사실은 하나님의 계획하심 가운데 이루어지는 만남인데도 설렘이 없습니다. 그렇게 보면 같은 신앙을 가지고 한 자리에 모여 함께 예배를 드리고 있다는 사실은 인연도 보통 인연이 아닐 것입니다.

사도 바울은 에베소서에서 "곧 창세전에 그리스도 안에서 우리를 택하사 우리로 사랑 안에서 그 앞에 거룩하고 흠이 없게 하시려고 그 기쁘신 뜻대로 우리를 예정하셨다"(엡 1:4-5)고 말씀합니다. 우주가 만들어지기도 전에, 우리가 잉태되기도 전에 벌써 우리를 향한 하나님의 계획이 있었다는 말씀입니다. 우리가 이 날 이 곳에 태어나고 이런 만남을 갖게 된 것은 우연이 아닙니다. 부부로 만나게 된 사람들은 더합니다. 이 만남을 위하여 아슬아슬한 고비들을 넘겨야 했으며, 시련과 방황의 시절을 보내야만 했습니다. 하나님의 이런 놀라우신 섭리를 통해 귀한 만남에 이르렀는데도 불구하고 우리는 그 신비에 대해 감탄하지 못합니다. 오히려 서로 싸우고 미워하며 운명만 탓하고 있으니 얼마나 큰 불행입니까?

우리는 우리 시대의 무감동과 싸워야 합니다. 사람들의 마음에 신앙심이 사라지면서 세상 만물이나 되어지는 일들이 모두 우연처럼 되고 건조한 만남이 되고 말았습니다. 신앙인들의 눈은 마치 어린 아이처럼 호기심에 가득 찬 눈이어야 합니다. 항상 무엇에 취한 듯한 감동의 눈이어야 합니다. 보도 블럭 사이를 비집고 올라온 잡초들을 보면서도 감탄할 수 있어야 합니다. 자연만물을 바라보며 감탄하지 않는 사람은 마치 루브르 박물관에서 작품을 감상하면서도 전혀 감동하지 않는 사람과 같습니다. 하나님은 6일에 걸쳐서 천지 우주 만물을 만드셨습니다. 자연 만물은 모두 하나님의 작품입니다. 성경은 하나님께서 천지 창조를 하시면서 매일 "기뻐하셨다"고 말씀합니다. 이는 하나님께서 자신이 만든 작품을 보며 감탄하셨다는 뜻입니다. 하나님의 형상을 닮은 우리 인간들이 하나님이 만드신 위대한 작품을 보며 감탄하는 것, 이것이 바로 찬양입니다. 그러므로 신앙인은 그 입에 할렐루야, 아멘을 달고 살 수밖에 없습니다.

우리는 인류 역사를 보면서도 하나님을 찬양합니다. 인류사가 처음에는 어둠으로 가득한 것 같은데 그 속에서 의와 구원의 역사를 이루어 가시는 하나님의 능력을 보며 우리는 하나님을 찬양합니다. "모든 천사가 보좌와 장로들과 네 생물의 주위에 섰다가 보좌 앞에 엎드려 얼굴을 대고 하나님께 경배하여 가로되 아멘 찬송과 영광과 지혜와 감사와 존귀와 능력과 힘이 우리 하나님께 세세토록 있을지로다 아멘"(계 7:11-12). 역사의 최종 승리가 하나님께 있다고 믿는 사람들은 역사의 어떤 절망의 순간에도 '아멘' 하며 찬양할 수 있습니다. 역사가 주님이 뜻하신 대로 이루어지고 있다고 믿는 사람들은 "주님 뜻대로 이루어지이다. 아멘" 하며 찬양과 감사로 살아갑니다.

우리 삶에서 찬양을 많이 하십시오. 우리 입에서 '아멘'이라는 말이 수시로 나올 수 있기를 바랍니다. 특히 찬양하는 기도를 많이 드리십시오. 찬양할 때 근심이 떠납니다. 찬양할 때 평화가 임하고 행복을 맛보게 됩니다. 찬양할 때 희망이 생기고 소원이 이루어집니다. 시편 119편의 시인은 "주의 의로운 규례를 인하여 내가 하루 일곱 번씩 주를 찬양하나이다"(시 119:164)라고 노래합니다. 그래서 중세 시대 수도원에서는 119편의 시인을 본받아 새벽기도, 아침기도, 9시 기도, 12시 기도, 오후 3시 기도, 저녁 기도, 마침 기도 등 하루 일곱 번씩 예배를 드리며 찬양을 드렸습니다. 여러분도 수시로 하나님을 찬양하십시오.

찬양은 우리 인생을 기쁘게하고 능력있게 만듭니다. "모든 나라가 주님께 있습니다"라는 고백에 "아멘!"으로 화답할 때, 우리는 어지러운 세상 나라보다는 영원한 하나님 나라를 바라보며 희망을 갖습니다. "모든 권세가 주님께 있습니다"라는 고백에 "아멘!"으로 화답할 때, 우리는 모든 어둠의 권세와 세상의 위력을 넉넉히 이길 수 있습니다. "모든 영광이 주님께 있습니다"라는 고백에 "아멘!"으로 화답할 때, 우리는 인생의 목적을 깨닫고 하나님 앞에 겸손히 무릎을 꿇습니다. 찬양이 우리 인생에 평화와 안식을 가져다줍니다.

믿음 : "진실로 그렇게 될 것으로 믿습니다."

세번째 '아멘'의 의미는 "진실로 그렇게 되기를 원합니다", "진실로 그렇게 될 것으로 믿습니다"라는 뜻입니다. 아마 우리들이 기도하면서 가장 많이 사용하는 의미인 것 같습니다. 어떤 축복의 말이나 소원의 기도 다음에 우리는 습관적으로 "아멘!" 하기도 합니다.

사실 우리 한국 교회에서는 '아멘'이 너무 남발되고 있는 실정입니다. 설교자들은 아멘을 강요하기도 합니다. 설교할 때 아멘 소리가 많으면 설교자는 신이 납니다. 그러나 아멘이라 말할 때는 진정으로 동의가 되고 그렇게 되기를 원할 때 하여야 합니다. "축복합니다" 할 때 무조건 "아멘" 하다보니 아멘의 가치가 떨어집니다. 무슨 내용에 대해서 아멘했는지도 모를 때가 많습니다. 그렇다고 해서 마음에 감동이 있는데도 침묵을 지키는 것도 좋은 태도는 아닙니다. 정말 동의가 되고 그런 소원이 있다면 작은 소리라도 "아멘"하고 말해야 합니다. 바로 그 순간 그 기도나 축복이 자기 것이 됩니다. 설교나 예배는 함께 만들어 가는 것입니다. 성도는 "아멘"으로 화답함으로 예배에 참여합니다.

'아멘'은 우리가 드린 기도에 대한 믿음과 확신의 표현입니다. 요한계시록에는 모든 계시를 마무리하며 "이것들을 증거하신 이가 가라사대 내가 진실로 속히 오리라" 하시자 요한이 "아멘 주 예수여 오시옵소서"(계 22:20)하고 고백합니다. 이 때의 아멘은 '주님께서 속히 오시길 진실로 원합니다', '주님께서 진실로 속히 오실 것을 믿습니다' 라는 고백입니다.

기도에는 믿음이 필요합니다. 일용할 양식을 달라고 기도를 하고 아멘으로 마무리하였으면 주님께서 일용할 양식을 채워주실 것을 믿는 것이 곧 아멘의 신앙입니다. 주님께서는 이어지는 산상수훈에서 먹을 것 입을 것 때문에 걱정하는 사람들을 향해 이렇게 말씀하십니다. "오늘 있다가 내일 아궁이에 던지우는 들풀도 하나님이 이렇게 입히시거든 하물며 너희일까보냐 믿음이 적은 자들아 그러므로 염려하여 이르기를 무엇을 먹을까 무엇을 마실까 무엇을 입을까 하지 말라"(마 6:30-31).

주님께서는 믿음의 기도에 대해서 "내가 진실로 너희에게 이르노니 누구든지 이 산더러 들리어 바다에 던지우라 하며 그 말하는 것이 이룰 줄 믿고 마음에 의심치 아니하면 그대로 되리라 그러므로 내가 너희에게 말하노니 무엇이든지 기도하고 구하는 것은 받은 줄로 믿으라 그리하면 너희에게 그대로 되리라"(막 11:23-24)고 말씀합니다. 사도 야고보는 이렇게 말씀합니다. "오직 믿음으로 구하고 조금도 의심하지 말라 의심하는 자는 마치 바람에 밀려 요동하는 바다 물결 같으니 이런 사람은 무엇이든지 주께 얻기를 생각하지 말라"(약 1:6-7).

아멘으로 확실히 서약하였으면 하나님께서 반드시 이루어 주실 것이라 믿어 의심치 말아야 합니다. 어린 아이가 아버지에게 부탁해 놓고 내 부탁을 들어주실까 하고 불안해하면 아버지의 사랑을 의심하는 것입니다. 또 내 부탁을 들어주실 수 있는 능력이 있을까 하고 염려하면 그 아버지의 자존심을 상하게 하는 행위입니다. 아멘은 마치 계약서의 도장과 같습니다. 한 번 인감 도장을 찍고 나면 그 계약은 성립된 것입니다. 의심하지 마십시오!

예수님께 나아와 고침을 받고 능력을 받았던 사람들은 다 이런 아멘의 사람들이었습니다. 복음서 곳곳에는 "네 믿음대로 될지어다"라는 말이 여러 번 등장합니다. 주님의 능력을 의심했던 사람들을 향하여 주님은 "믿음이 적은 자들아!" 하고 책망하셨습니다. 신약성서 한글 개역판에는 '믿음'이라는 단어가 224번이나 등장할 정도로 주님은 우리에게 믿음을 요구하십니다. 믿음이 있는 자는 기적을 볼 것이요, 그렇지 않은 자는 근심과 염려가 가득할 것입니다. 기도했다면 그대로 될 줄로 믿으십시오. '아멘'은 '믿습니다' 하고 도장을 찍는 것입니다.

우리 주님은 아멘의 주님이셨습니다. 요한계시록의 라오디게아 교회를 향한 말씀에서 주님은 이렇게 소개되고 있습니다. "아멘이시요 충성되고 참된 증인이시요 하나님의 창조의 근본이신 이가 가라사대"(계 3:14). 예수님은 성부 하나님께 항상 아멘으로 순종하셨습니다. 사도 바울은 고린도후서에서는 예수님에 대해서 이렇게 증거합니다. "너희 가운데 전파된 하나님의 아들 예수 그리스도는 예하고 아니라 함이 되지 아니하였으니 저에게는 예만 되었느니라 하나님의 약속은 얼마든지 그리스도 안에서 예가 되니 그런즉 그로 말미암아 우리가 아멘 하여 하나님께 영광을 돌리게 되느니라"(고후 1:19-20).

우리 주님은 아멘의 주님, 곧 순종의 주님이셨습니다. 하나님의 약속이나 명령은 항상 '믿을 만합니다.' '찬양할 만합니다.' 그래서 '동의할 만하고', '순종할 만합니다.' 우리 주님은 하나님 아버지의 뜻에 항상 '예', 곧 '아멘'만 하였습니다. 그리스도의 군사들은 예수님처럼 충성하는 아멘의 사람들입니다.

> 아멘의 주님, 당신께서 지신 십자가에서 진정한 순종을 봅니다. 그것이 비록 이해가 안 되는 길일지라도, 이해가 안 될 뿐만 아니라 모든 분노를 참아야 하는 길일지라도, 심지어 죽음의 고통을 고스란히 맛보며 최후의 피 한 방울까지 다 쏟아야 하는 길일지라도 당신은 그 길을 가셨습니다. 이유는 단 한 가지, 그것이 아버지 하나님의 뜻이었기

때문이었습니다. 주님, 우리가 이 순종의 백분의 일만이라도 배우게 하옵소서. 우리는 조금만 이해가 되지 않아도, 조금만 손해가 나더라도, 내 자존심을 조금이라도 건드린다면 참지를 못합니다. 주님은 아버지 앞에 '예'만 하였지 '아니오'가 없었습니다. 이제 주님의 제자된 우리들도 주님처럼 기꺼이 순종하게 하옵소서. 주기도로 보여주신 주님의 뜻은 다 옳습니다. 우리 기도가 주님께서 가르쳐 주신 기도와 일치하게 하옵소서. 그래서 우리 삶이 주기도를 실천하고 완성하는 삶이 되게 도와주시옵소서. 아멘이시오 충성되고 참된 증인이신 우리 주님께서 우리를 주기도의 사람들로 만드실 것을 믿습니다.

묵상과 나눔

❶ 중세 수도원의 최고 계명은 순종이었습니다. 주님 또한 아멘, 곧 순종의 주님이십니다. 기도는 하나님의 말씀을 듣는 것이고, 하나님의 뜻에 순종하기 위해서 드리는 행위입니다. 기도를 통해 이루어 지는 순종의 의미에 대해서 나누어 봅시다.

❷ 본문에 나타난 아멘의 세 가지 정의를 정리하고, 자신의 삶에서 가장 부족한 것이 무엇인지 나누어 봅시다.

13

마음껏 기도하라

구하라 찾으라 두드리라

"구하라 그러면 너희에게 주실 것이요 찾으라 그러면 찾을 것이요 문을 두드리라 그러면 너희에게 열릴 것이니 구하는 이마다 얻을 것이요 찾는 이가 찾을 것이요 두드리는 이에게 열릴 것이니라 너희 중에 누가 아들이 떡을 달라 하면 돌을 주며 생선을 달라 하면 뱀을 줄 사람이 있겠느냐 너희가 악한 자라도 좋은 것으로 자식에게 줄 줄 알거든 하물며 하늘에 계신 너희 아버지께서 구하는 자에게 좋은 것으로 주시지 않겠느냐"(마 7:7-11).

마태복음 7장의 구하고 찾고 두드리는 기도는 주기도의 연장선상에 있습니다. 두 기도는 마태복음 5장에서 7장에 이르는 같은 산상수훈 안에 포함되어 있습니다. 순서상으로는 마태복음 6장의 주기도를 통과한 자만이 드릴 수 있는 기도가 이 7장의 기도입니다. 우리는 앞선 장들에서 주기도를 묵상했습니다. 주님께서는 "너희는 이렇게 기도하라"고 말씀하시면서 기도하는 법을 가르쳐 주셨습니다. 그러나 주기도의 한 문장, 한 문장을 묵상하면서 느꼈던 것은 주기도대로 기도하기가 쉽지 않다는 것입니다.

기도의 방향과 기도의 능력

우리는 자기 자신의 문제만이 크게 보이는 이기적 존재들입니다. 그런데 주님은 먼저 하나님의 이름과 그 나라와 그 뜻을 구하라고 요구하십니다. "오늘 우리에게 일용할 양식을 주옵시고"라는 간구는 이미 너무 많은 것을 누리고 있으며, 더 많이 못 가져 안달하는 우리들이 드리고 있는 기도 내용들이 얼마나 사치스러운가를 깨닫게 합니다. 우리는 다른 사람의 잘못을 용서하기 힘든 사람입니다. 그러니 "우리가 우리에게 죄 지은 자를 사하여 준 것같이 우리 죄를 사하여 주옵시고"라는 간구는 얼마나 우리를 곤혹스럽게 만듭니까?

예수님의 제자들은 어떠했는지 모르지만 현대인들에게 주기도는 기도하는 법을 가르치는 기도가 아니라, 기도를 포기하게 만드는 기도처럼 보입니다. 그만큼 우리 기도가 잘못되어 있다는 증거입니다. 그런 점에서 주기도는 우리가 제대로 된 기도를 드리기 위해서 반드시 거쳐야 할 관문입니다. 주기도의 정신을 배운 사람만이 기도할 수 있는 자격이 있습니다.

기도는 우리 삶에 엄청난 능력을 가져다줍니다. 예수님의 능력도 기도로부터 나왔습니다. 그러나 이 기도의 능력을 받기 위해서는 먼저 훈련을 받아야 합니다. 훈련 없이 기도의 능력을 받으면 오히려 해가 됩니다. 우리 한국교회에는 기도꾼들이 얼마나 많습니까? 그런데 그렇게 열심히 기도하는 사람들의 인격을 보면 실망스러울 때가 많습니다. 어떤 때는 마치 점치고 귀신쫓는 무당과 별 차이가 없는 것처럼 보이기도 합니다. 무당은 어떻습니까? 그들 또한 기도의 능력이 있습니다. 귀신같이 알아맞히고 귀신을 빌려 귀신을 쫓습니다. 그러나 그들의 인격은 어떻습니까? 그들은 인격에 대해서는 묻지 않습니다. 정의나 하나님의 뜻에는 관심 없고 오로지 개인의 축복과 영달만을 추구합니다.

이런 점에서 우리는 무엇보다 먼저 주기도로 훈련을 받아야 합니다. 주기도는 우리 기도의 기본기를 가르치는 훈련입니다. 그렇다면 주기도만 배우면 기도 훈련은 끝나는가? 아닙니다. 방향을 제대로 정했다면 이제는 기도에 파워를 실어야 합니다. 오늘 말씀의 '구하고 찾고 두드리는 기도'가 바로 힘있는 기도입니다. 주기도를 통과한 사람은 이제 마음껏 구하고 찾고 두드리라고 주님께서 말씀하십니다. 그러면 무엇이든지 얻고, 찾고, 열리게 될 것이라고 약속합니다.

'구하고 찾고 두드리는 기도'는 산상수훈의 말씀을 따르는 삶을 살아가는 것을 실천 가능 하도록 만드는 동력실과도 같습니다. 이 기도는 산상수훈의 마지막 부분에 기록되어 있습니다. 이는 주님께서 그 어려운 산상수훈의 말씀을 실천할 수 있는 방법을 가르쳐준 것과 같습니다. 산상수훈은 성서뿐만 아니라 이 땅에 존재하는 모든 윤리 중 최고의 윤리라 할 수 있습니다. 그러나 이 산상수훈 말씀대로 살기가 쉽지 않습니다. "오른 편 뺨을 맞으면 왼편 뺨도 돌려대라"(마 5:39), "네 원수를 사랑하라"(마 5:44), "남에게 대접을 받고자 하는 대로 너희도 남을 대접하라"(마 7:12)와 같은 말씀들은 참으로 지키기 어렵습니다.

그렇다면 포기해야 하는가? 아닙니다. 그래서 주님께서 구하고 찾고 두드리라고 말씀하십니다. 사람의 힘으로는 불가능한 데 기도할 때 하나님께서 가능케 해주십니다. 원수를 사랑하기 힘든 데 구하고 찾고 두드리는 간절한 심정으로 기도하면 원수를 사랑할 수 있는 마음을 하나님께서 부어주십니다. 산상수훈의 말씀들뿐만 아니라 우리 인생에서 부딪치는 많은 문제들 또한 주님께 구하고 찾고 두드릴 때 주님께서 해결해주시겠다고 약속하십니다.

기도의 간절함

기도에 있어서 중요한 것은 무엇보다도 '간절함'입니다. 목마른 자가 우물을 파듯이, 간절한 자가 기도하게 되어 있습니다. 기도가 게을러지고 힘이 없는 이유는 그만큼 간절하지 않기 때문입니다. 눈에 불이 난다는 말이 있습니다. 기도도 그렇습니다. 오늘 말씀의 구하고 찾고 두드리고 있는 기도자의 모습은 마치 거지가 밥 한 술 얻어먹기 위해 이집저집의 문을 두드리고 있는 모습과 같습니다. 거지는 절박합니다. 거지가 무슨 냉장고가 있겠습니까, 숨겨둔 통장이 있겠습니까? 오늘 구걸에 성공하지 못하면 하루를 굶어야 합니다. 그러니 체면이고 뭐고 없지요.

기도하는 자세는 이처럼 거지와 같아야 합니다. 거지같다는 것은 그만큼 간절한 심정으로 기도해야 한다는 뜻입니다. 이런 간절한 기도의 대명사로 야곱을 들 수 있습니다. 형 에서가 400명의 무리를 이끌고 오는 절대 위기의 순간에 야곱은 얍복강에 홀로 남았습니다. 물속에 빠진 사람이 지푸라기라도 잡는 심정으로 야곱은 하나님과 씨름합니다. 도무지 꺾이지 않는 야곱과 씨름하다가 하나님은 야곱의 환도뼈를 쳐 부러뜨리고 맙니다. 환도뼈는 대퇴부 쪽의 엉덩이뼈입니다. 이제 더이상 야곱은 도망칠 수도 없는 형편이 되었습니다. 절뚝거리는 발로 어디로 달아나겠습니까? 정말 더이상 어찌할 방법이 없자 야곱이 하나님의 가랑이를 붙잡고 늘어집니다. "당신이 내게 축복하지 아니하면 가게 하지 아니하겠나이다"(창 32:26). 이는 마치 "주님 아니면 저 죽습니다" 식의 기도입니다. 이런 간절한 기도의 결과 야곱은 축복을 받고 형 에서와는 화해에 이르게 됩니다.

소원이 간절하면 얻게 됩니다. 그래서 하나님은 자주 우리들을 막다른 골목으로 몰아가시고는 합니다. 인간은 어쩔 수 없습니다. 코너에 몰려야 그때서야 비로소 제대로 된 기도가 나옵니다. 코너에 몰렸다는 것은 간절함이 생겼다는 것과 같습니다. 건강하고 잘 나갈 때는 기도가 잘 안 됩니다. 그런데 갑자기 사업이 막히고 건강에 이상이 생기면 그때서야 하나님 앞에 엎드립니다.

제 경우도 마찬가지였습니다. 개척교회를 막 시작하려고 할 때의 일입니다. 믿는 구석이 있어 건물을 얻고 계약을 했는데 중간에 일이 틀어져 그만 지원을 받지 못하게 되었습니다. 그런 위기의 순간을 맞으니까 정말 눈에서 불똥이 튀었습니다. 나머지 보증금을 채울 여력도 없고, 이 월세를 어떻게 다 감당하나 하는 절박감이 밀려왔습니다. 그러니 기도가 간절해 질 수밖에 없었습니다. 그때 드리는 기도는 단순합니다. "하나님 도와주십시오." "하나님 살려주십시오." 하나님은 이 절박한 기도를 들으시고 꼭 맞게 채워주셨습니다. 계약하기 3일전에 그 계약금만큼의 돈이 통장에 입금이 되었습니다. 월세도 감당할 만큼의 헌금을 보내주셨습니다. 그런데 인간은 참 간사합니다. 그 위기가 지나고 나니까 다시 마음이 해이해져 기도에 간절함이 사라지고 맙니다.

기도하는 자에게는 무엇보다 이 간절함이 필요합니다. 간절함의 기도는 배수진의 기도입니다. 등 뒤에 강물을 두고 싸우는 싸움입니다. 더 이상 물러설 수가 없습니다. 하나님께 기도할 때 적당히 눈감고 묵상하고 몇 마디 읊조리는 식으로 기도하지 마십시오. 기도를 전투라고 생각하십시오. 죽기 아니면 까무러치기라는 식으로 기도하십시오. 그래서 기도할 땐 땀이 흘러야 합니다. 영적전투가 벌어지고 있는데 어찌 긴장하지 않을 수 있겠습니까!

기도의 집요함

간절할 뿐만 아니라 기도는 또한 집요해야 합니다. 집요하다는 것은 포기하지 않아야 한다는 뜻입니다. 구하라 찾으라 두드리라는 명령은 집요한 기도를 말합니다. 문이 열릴 때까지 두드려야 합니다. 거지같이 기도해야 합니다. 오늘 이 집에서 밥을 먹지 않으면 굶어 죽는다는 절박감을 가지고 열릴 때까지 두드리는 것입니다. 그러면 주인이 귀찮아서라도 밥을 줄 것입니다.

그 대표적으로 주님께서는 누가복음의 한 과부의 기도를 예로 드셨습니다(눅 18:1-7). 어떤 도시에 하나님을 두려워아니하고 사람을 무시하는 재판관이 있었습니다. 그런데 그 도시에 사는 한 과부에게 억울한 일이 생겼습니다. 이 과부가 그 재판관을 찾아가 날마다 "내 원수에 대한 나의 원한을 풀어 주소서" 하고 청원을 합니다. 과부가 무슨 힘이 있겠습니까? 그러니 날마다 찾아가서 하소연 할 수밖에요. 이 재판관은 불의한 사람이었습니다. 뇌물을 주면 어떻게 넘어갈까 바늘로 찔러도 피 한 방울 나지 않을 그런 사람이었습니다. 그가 한동안 과부를 무시하다 날마다 과부가 찾아오니 귀찮아졌습니다. 이 불의한 재판관이 이렇게 말합니다. "내가 하나님을 두려워 아니하고 사람을 무시하나 이 과부가 나를 번거롭게 하니 내가 그 원한을 풀어 주리라 그렇지 않으면 늘 와서 나를 괴롭게 하리라." 주님께서 이 비유를 들면서 이렇게 결론을 맺으셨습니다. "하물며 하나님께서 그 밤낮 부르짖는 택하신 자들의 원한을 풀어 주지 아니하시겠느냐 저희에게 오래 참으시겠느냐?"

역사를 움직이는 사람은 머리 좋은 사람들이 아닙니다. 이렇게 끈질기게 물고 늘어지는 사람들입니다. 우리는 너무 쉽게 포기합니다. 사실 인생에 정답은 없습니다. 성공하는 길이 따로 있는 것도 아닙니다. 한 우물을 집중적으로 팔 때 거기에서 물이 솟고, 길이 나게 되어 있습니다. 이리 기웃 저리 기웃 하는 사람은 성공할 수 없습니다. 기도도 마찬가지입니다. 진돗개처럼 끝까지 물고 늘어지는 것입니다.

기도의 사람 조지 뮬러는 평생 동안 5만 번이나 기도 응답을 받았다고 합니다. 그렇게 많은 기도 응답을 받았던 비결 중 하나는 그가 포기하지 않고 믿음으로 기도했다는 데 있습니다. 조지 뮬러는 이렇게 말합니다. "가장 중요한 점은 응답이 올 때까지 결코 포기해서는 안 된다는 것입니다. 나는 한 사람의 회심을 위해 63년 8개월간을 기도해 왔습니다. 아직 그는 돌아오지 않았습니다. 그러나 돌아올 것입니다. 어찌 그렇지 않을 수 있겠습니까? 변함없는 여호와의 약속이 있으니 나는 그것을 의지합니다." 뮬러는 그 기도가 응답되는 것을 보지 못하고 죽었습니다. 그런데 놀라운 것은 조지 뮬러의 믿음대로 오랫동안 기도했던 그 사람이 마침내 회심을 하게 되었다는 것입니다. 그것도 바로 조지 뮬러의 장례식장에서였습니다.

사실 하나님을 귀찮게 할 정도로 성가시게 한다는 것은 무례한 일이 아닙니다. 오히려 믿음이 있다는 증거입니다. 하나님께서 전능하신 분이라 믿기 때문에 그분께 매달리는 것입니다. 포기한다는 것은 믿음이 없다는 말과 같습니다. 하나님께서 듣고 계신다는 확신이 없는 사람입니다. 하나님의 일보다는 자기 체면이나 자기 생각, 자기 경험을 더 중시하는 사람입니다.

우리 기도가 집요해야 하는 이유는 때로 하나님께서 우리가 어떻게 하는가 보기 위하여 묵묵히 지켜보실 때가 있기 때문입니다. 이를 통해 하나님은 우리의 소원을 더 간절하게 만듭니다. 우리가 기도하는 것에 대해 정말 갖기를 소원하는지 하나님은 묻고 계십니다. 때로 우리는 자기가 무엇을 간구하는지 조차 모를 때도 있습니다. 그 기도가 응답되었을 때 감당할만한 능력도 없이 우리는 무조건 달라고 하는 경우도 있습니다. 그래서 주님은 바로 주시지 않고 응답을 뒤로 미루신 채 우리의 소원이 정말 간절한지 테스트하고 계십니다.

　하나님은 또한 그것을 받을 준비가 되어 있는지 보기 위하여 우리 기도를 외면하실 때가 있습니다. 받을 그릇이 되어 있지 않은 상태에서 부어지는 축복은 오히려 저주가 될 수도 있습니다. 돈을 관리할 수 있는 능력 없이 큰돈이 주어지면 실족합니다. 우리는 집요한 기도의 과정을 통해서 우리 자신을 그 축복을 받기에 합당한 그릇으로 빚어가는 것입니다.

　기도는 기도가 이끌어 갑니다. 처음부터 "하나님의 뜻이 이루어지기를 원합니다" 하고 기도해서는 안 됩니다. 이런 기도가 고상한 것 같은데 실상은 게으른 자의 기도이거나 하나님에 대해서 아무런 기대감도 없는 자의 기도일 수 있습니다. 우리는 하나님의 뜻을 잘 알 수 없습니다. 또 우리 마음 가운데 개인적인 소원이 생겼다는 것 자체가 하나님의 인도하심일 수 있습니다. 그러므로 우리는 일단 우리 마음의 소원을 놓고 간절히 기도해야 합니다. 그러다 보면 하나님께서 그 기도가 하나님의 뜻에 맞는 기도면 이루어 주실 것이요, 하나님의 뜻이 아니라면 우리 기도를 바꾸어 주실 것입니다.

　하나님은 무엇보다 이런 기도 과정을 통해서 우리와 사귐을 갖기를 원하십니다. 인간 사이의 관계도 그렇지 않습니까? 사건이 많아야 친해지는 것 아닙니까? 문제 때문에 교회를 찾게 되고, 그 문제를 놓고 기도하다 보니 하나님과 친하게 됩니다. 기도의 시간이 많아지고 기도의 질이 깊어지면서 기도하는 재미도 생깁니다. 처음에는 문제 때문에 기도했는데 이제는 하나님과 만나는 시간이 더 즐겁습니다.

그래서 하나님은 우리 기도제목에 쉽게 응답하지 않을 때가 있습니다. 나와 좀 더 사귀자는 하나님의 뜻입니다.

믿음의 기도

이렇게 하나님 앞에 간절함과 집요함으로 기도하되 우리는 믿음을 가지고 기도해야 합니다. 우리가 기도하는 대상은 하늘에 계신 우리 아버지입니다. 주님은 이렇게 말씀합니다. "너희 중에 누가 아들이 떡을 달라 하면 돌을 주며 생선을 달라 하면 뱀을 줄 사람이 있겠느냐"(마 7:9-10). 실제 그렇습니다. 아들이 배가 고파 떡을 달라고 했는데 돌을 줄 무정한 아버지가 어디 있겠습니까? 배가 고파 생선을 달라고 했는데 해로운 뱀을 줄 사람이 어디 있겠습니까? 아무리 인간이 악하다 할지라도 자기 자식에게는 좋은 것 주기를 원하는 것이 부모의 마음입니다. 그와 마찬가지로 하늘에 계신 우리 아버지께서도 구하는 자에게 가장 좋은 것 주시길 원하십니다.

이것이 믿음입니다. 우리가 간구할 때 아버지 하나님께서 우리에게 가장 좋은 것으로 반드시 응답해 주신다는 확신입니다. 주님께서는 마태복음 21장에서도 이렇게 말씀하셨습니다. "이 산더러 들려 바다에 던지우라 하여도 될 것이요 너희가 기도할 때에 무엇이든지 믿고 구하는 것은 다 받으리라"(마 21:21-22). 얼마나 대단한 말씀입니까? 산을 향하여 믿음으로 기도하면 산이 움직일 것이라는 약속입니다. 사실 여기에서 우리는 주님의 답답한 심정을 읽을 줄 알아야 합니다. 믿음으로 기도하면 태산이라도 옮길 수 있는데 그렇게 기도하지 않아 무능력한 삶을 살고 있는 인생들을 향한 주님의 탄식입니다. 시도도 하지 않고 산만 높다하는 것이 바로 우리 연약한 인생들의 모습입니다.

세상에서 일을 내고 기적을 만들어내는 사람은 단순한 믿음의 사람들입니다. 머리 좋은 사람들은 미리 판단을 하기 때문에 될 일만 하려 합니다. 그러나 우직하고 단순한 사람들은 주님의 말씀을 그대로 믿고 그 말씀대로 순종합니다. 요한일서에서 사도 요한은 또한 이렇게 고백합니다. "그를 향하여 우리의 가진 바 담대한 것이 이것이니 그의 뜻대로 무엇을 구하면 들으심이라 우리가 무엇이든지 구하는 바를 들으시는 줄을 안즉 우리가 그에게 구한 그것을 얻은 줄을 또한 아느니라"(요일 5:14-15).

주님은 믿고 구하는 자에게 무엇이든지 응답해주시겠다고 약속하셨습니다. 이는 이 세상을 만드시고 이 세상을 섭리하시고 장차 심판하실 하나님의 엄숙한 약속입니다. 우리는 어쩌면 이 엄위하신 하나님의 약속을 마치 농담처럼 여기고 있는 것은 아닌지 모르겠습니다. 이 말씀을 사실대로 믿었다면 이렇게 기도 안하고 버틸 수는 없었을 것입니다. 문제 해결의 열쇠가 여기 있는데 사람들은 기도하지 않습니다. 근본적인 문제는 하나님이 우리 기도에 응답하시느냐 그렇지 않느냐가 아닙니다. 이렇게 믿음을 가지고 기도하는 사람이 과연 얼마나 있느냐에 있다 할 것입니다.

성경에서 야고보 사도는 이렇게 말씀합니다. "오직 믿음으로 구하고 조금도 의심하지 말라 의심하는 자는 마치 바람에 밀려 요동하는 바다 물결 같으니 이런 사람은 무엇이든지 주께 얻기를 생각하지 말라"(약 1:6-7). 기도한 후에는 믿어 의심치 마십시오. 주님께서는 우리 기도에 반드시 응답해주십니다. 응답이 더딘 것은 하나님께서 가장 좋은 때를 기다리시며 조금 더 연기하고 계신 것일 뿐입니다. 실제 기도했던 것에 직접 응답해주지 않았다면 그 이유는 하나님께서 우리에게 더 좋은 것을 예비하고 계시기 때문입니다. 또 어떤 경우는 응답하지 않는 것이 응답일 수도 있습니다. 응답하지 않는 것이 우리에게 더 좋기 때문입니다.

그러니 의심하지 말고 우리의 소원을 담대히 하나님께 아뢰십시오. 기도가 가장 빠른 길입니다. 사람들은 너무 바빠서 기도하지 못한다고 흔히 말합니다. 그러나 정말 바쁠 때일수록 더 많이 기도해야 합니다. 종교개혁자 루터의 모습을 우리는 본받아야 합니다. 루터는 이렇게 말했습니다. "만약 내가 매일 새벽 두 시간을 기도로 보내지 않는다면, 그 날의 승리는 마귀에게로 돌아갈 것이다. 나는 너무나 할 일이 많기 때문에 매일 세 시간을 기도로 보내지 않는다면 결코 이 일을 지탱해나갈 수가 없다." 예수님께서는 하나님이심에도 불구하고 새벽마다 기도하셨습니다. "새벽 오히려 미명에 예수께서 일어나 나가 한적한 곳으로 가사 거기서 기도하시더니"(막 1:35).

주님께서는 우리가 인생을 성공적으로 살 수 있는 비결을 가르쳐 주셨습니다. 구하고, 찾고, 두드리는 것입니다. 그러면 얻을 것이요, 찾을 것이요, 열릴 것입니다. 간절한 기도, 집요한 기도, 믿음의 기도가 하늘의 축복과 승리를 가져다줍니다.

주님, 주님께서는 "무엇이든지 믿고 구하는 것은 다 받으리라"(마 21:22)고 약속하셨는데 우리가 이 말씀을 믿지 못했습니다. 만일 말씀 그대로 믿었다면 우리 삶이 이처럼 빈곤하거나 나약하지는 않았을 것입니다. 주님께서는 간절히 구하고 찾고 두드리라 하였는데 우리는 조그만 어려움에도 그만 쉽게 포기하고 말았습니다. 주여, 저희 믿음 없는 것을 불쌍히 여기소서. 주님, 믿는 자에게는 능치 못함이 없다는 말씀을 믿습니다. 사도 바울은 내게 능력 주시는 자 안에서 내가 모든 것을 할 수 있다고 담대히 고백하였습니다. 은과 금은 없지만 나사렛 예수 그리스도의 이름의 능력을 믿는 베드로와 요한의 믿음이 앉은뱅이를 일어나 걷고 뛰며 하나님을 찬양하게 만들었습니다. 엘리야는 우리와 같은 성정의 사람이지만 저가 기도한즉 3년 반 동안 비가 오지 않았고 다시 기도한즉 하늘이 비를 내렸습니다. 주님은 믿는 자들에게 귀신을 쫓아내며, 새 방언을 말하며, 뱀을 집으며, 무슨 독을 마실지라도 해를 받지 않으며, 병든 사람에게 손을 얹은즉 낫는 위대한 권세를 약속하셨습니다. 이 말씀을 믿습니다. 우리 인생에서 이런 기적들이 매일의 상식이 되게 하옵소서.

묵상과 나눔

❶ 주님은 주기도에서 "뜻이 하늘에서 이룬 것같이 땅에서도 이루어지이다" 하며 하나님의 뜻을 위한 기도를 가르치셨습니다. 한편 주님은 "구하고 찾고 두드리"는 간절하면서도 포기하지 않는 기도를 하라고 명령하십니다. 이 두 가지를 어떻게 조화시킬 수 있는지 나누어 봅시다.

❷ 주님께서는 겨자씨 한 알만큼의 믿음만 있다면 "이 산을 명하여 여기서 저기로 옮기라 하여도 옮길 것이요 또 너희가 못할 것이 없으리라"(마17:20)고 말씀하십니다. 이에 비추어 믿음의 기도란 어떤 기도인지 서로 나누어 보세요.

| 나가는 글 |

기도의 계명

어느 율법사가 예수님께 물었습니다. "선생님이여 율법 중에 어느 계명이 크니이까"(마 22:36). 이 질문에 예수님께서 다음과 같이 말씀하셨습니다. "네 마음을 다하고 목숨을 다하고 뜻을 다하여 주 너의 하나님을 사랑하라 하셨으니 이것이 크고 첫째 되는 계명이요 둘째는 그와 같으니 네 이웃을 네 몸과 같이 사랑하라 하셨으니 이 두 계명이 온 율법과 선지자의 강령이니라"(마 22:37-40).

첫째 계명

이 말씀은 기도에도 그대로 적용됩니다. 기도에도 크고 첫째 되는 계명이 있습니다. 그것은 전심으로 '하나님을 사랑하는 것' 입니다. 물론 기도의 필요성은 문제 해결이나 축복을 받으려는 데서부터 출발합니다. 그렇지만 이것들은 하나님께서 우리를 당신의 지성소로 부르기 위한 수단들에 불과합니다. 하나님의 지성소에 들어가 우리가 해야 할 것은 무엇보다 예수님과 함께 나누는 사귐입니다. 이는 남녀의 사랑과도 같습니다. 결혼의 목적은 사귐 자체이지 다른 목적이 있을 수 없습니다. 다른 것을 목표로 하는 만남이라면 그것은 변질된 사랑입니다. 물질, 명예, 자녀, 행복은 사귐의 결과 우리에게 주어지는 축복들일 뿐입니다. 이런 축복들이 목적이 될 때는 불행해지기 쉽습니다.

하나님 마음을 슬프게 하는 것은 우리 기도가 마치 업무 보고하듯 진행될 때입니다. 하나님 앞에 밀린 서류들을 내밀며 빨리 결재해 줄 것을 요구합니다. 그러나 일보다 더 중요한 것은 관계입니다. 관계가 좋으면 결재는 쉽게 떨어집니다. 자녀는 아버지를 사랑하기만 하면 됩니다. 그러면 모든 축복이 그에게 주어집니다. 그러나 아버지의 손이 아니라 그 손에 든 동전만 바라보고 있는 자녀를 바라보는 아버지의 마음은 언짢기만 합니다. 하나님을 더 사랑하는지 하나님이 주는 물질을 더 사랑하는지 모르기 때문입니다. 이처럼 기도의 제일 목표는 하나님을 만나는 것이고 하나님을 사랑하는 것입니다.

주기도는 우리를 하나님 사랑으로 이끕니다. 주기도의 시작은 "아버지여!"라는 부름입니다. 이 부름의 말은 기도가 향해야 할 방향을 정확히 지시하고 있습니다. 그 목표는 축복이 아니라 아버지그 자체입니다. 사실 아버지의 사랑을 경험하는 것이 가장 큰 축복입니다. 여섯 개의 간구 중 처음 세 개의 간구는 하나님의 이름과 나라와 뜻을 위한 간구들입니다. 이는 자기 일보다 먼저 하나님의 일을 간구하게 함으로써 우리로 무엇보다 하나님께 관심을 갖도록 이끕니다.

나머지 세 개의 간구도 철저히 하나님에 대한 신뢰 속에서 이루어지는 간구들입니다. 일용할 양식을 주시고, 죄를 사하시며, 모든 시험과 악으로부터 구원을 이루시는 하나님을 우리는 어린 아이와 같은 기대와 신뢰의 눈으로 바라봅니다. 마지막 송영부의 "나라와 권세와 영광이 아버지께 영원히 있사옵나이다"라는 찬양에서 우리는 다시 한 번 우리 인생의 목적과 행복이 어디 있는지 깨닫습니다. 주기도는 전적으로 하나님께 의지하고 하나님을 주목하게 만듭니다.

은밀한 기도

하나님을 사랑하는 것, 이같은 기도의 첫째 계명은 은밀한 기도를 명하시는 주님의 말씀에서도 확인할 수 있습니다. 마태복음에 보면 주기도 전에 주님께서 주기도의 근본정신에 대해 가르쳐 주시는 말씀들이 있습니다. 중언부언하지 않는 기도, 외식하지 않는 기도, 은밀한 기도가 바로 그 교훈들입니다. 기도가 중언부언이 되고, 외식이 되고, 은밀성이 사라지는 이유는 아버지에 대한 사랑이 그 안에 없기 때문입니다.

"기도할 때에 이방인과 같이 중언부언하지 말라 저희는 말을 많이 하여야 들으실 줄 생각하느니라"(마 6:7). 이방인들이 기도할 때 말이 많고 뜻도 모르는 말들을 중언부언하는 것은 그들이 기도하는 대상과 친밀하지 않기 때문입니다. 그들은 신의 마음을 얻기 위해 어쩔 수 없이 화려한 말들을 많이 할 수밖에 없습니다. 그들은 자신들이 믿는 신과 인격적 관계가 형성되어 있지 않습니다. 그들이 믿는 신들은 주문과 같은 것에 따라 움직이는 꼭두각시 신들에 불과합니다. 그들의 기도의 목표는 신이 아니라 신의 손에 들린 선물입니다.

"너희가 기도할 때에 외식하는 자와 같이 되지 말라 저희는 사람에게 보이려고 회당과 큰 거리 어귀에 서서 기도하기를 좋아하느니라"(마 6:5). 사람들의 기도가 외식하는 기도가 되는 이유는 그 기도가 하나님을 향하지 않고 사람을 향하고 있기 때문입니다. 자신이 얼마나 경건하며 기도를 잘하는지 사람들에게 자랑하는 수단으로 삼습니다. 이런 외식은 아닐지라도 우리가 대표기도나 공중 기도를 두려워하는 이유도 이처럼 사람들의 눈을 의식하기 때문입니다. 홀로서건 사람 앞에서건 기도는 하나님께 드리는 것입니다. 그 하나님은 바로 우리 아버지십니다. 기도는 아버지와 대화하듯 해야 합니다. 이미 사람의 시선에 익숙해져버린 우리들이 이것을 벗어나 하나님만 바라본다는 것은 정말 엄청난 자기 부정이 필요한 일이라 할 것입니다.

"너는 기도할 때에 네 골방에 들어가 문을 닫고 은밀한 중에 계신 네 아버지께 기도하라 은밀한 중에 보시는 네 아버지께서 갚으시리라"(마 6:6). 주님은 우리로 은밀한 중에 계신 아버지께 기도하라고 말씀하십니다. 골방은 외부와 차단된 곳입니다. 문을 닫는다는 것은 그 소리마저도 들어오고 나가지 못하게 하는 완전한 차단을 말합니다. 단지 몸만 그러해서는 안 됩니다. 보다 중요한 것은 우리 마음이 외부세계와 철저히 차단되는 것입니다. 골방에 앉아 있으면서도 온갖 세상일들이 우리 마음을 통하여 들어올 때가 얼마나 많습니까?

　사람들은 이 골방기도를 힘들어합니다. 모든 것을 차단하고 하나님을 만나는 것을 두려워합니다. 하나님은 침묵과 홀로있음 가운데서 만날 수 있습니다. 일찍이 파스칼은 현대인의 비극에 대해서 통찰력있게 말한 바 있습니다. "인간들의 모든 불행은 하나의 단순한 사실 곧 그들이 자기만의 방에 홀로 조용히 머무를 수 없다는 사실에서 일어난다." 우리는 끊임없이 사람과 소리에 둘러싸여 있습니다. 회사에서는 사람과 일이 우리를 둘러싸고 있습니다. 컴퓨터 앞에 앉아 있는 시간도 결코 홀로가 아닙니다. 인터넷을 통하여 우리는 저 멀리 누군가와 연결되어 있습니다. 집에 돌아와서는 습관적으로 TV를 켭니다. 등산을 할 때나 혼자 걸어갈 때조차 우리는 고독을 참지 못하겠다는 듯이 라디오를 켜고 귀에 음악 소리를 갖다 댑니다.

　이렇게 마음이 번잡하면 내면의 소리를 들을 수 없습니다. 하나님은 우리 안에서 세미한 음성으로 말씀하시는데 수많은 소리에 가려 하나님의 소리가 들리지 않습니다. 기도하는 중에도 여러 세상의 잡생각이 머릿속을 떠다닙니다. 지나친 염려로 마음은 분열되어 있습니다. 문제에 가려 하나님은 보이지 않습니다. 어떤 때는 주님을 묵상하고 오는 것이 아니라 문제만 묵상하다 내려올 때도 있습니다.

　로마서에서는 분명히 말씀합니다. "육신의 생각은 사망이요 영의 생각은 생명과 평안이니라"(롬 8:6). 문제에 집착하거나 세상에 대한 생각을 많이 하면 할수록 사망의 그림자가 우리 영혼에 침투합니다. 오랜 시간 기도했어도 오히려 마음에는 불안과 불신만이 가득합니다. 기도할 때 하나님에게만 집중하고 하나님만 사랑하라는 이유는 그것이 바로 영의 생각이기 때문입니다. 영적인 것을 묵상하고 마음에 품고 있으면 우리 생명이 풍성해지고 평화가 임합니다. 실제 자기 기도하는 모습을 살펴보십시오. 문제만 바라보며 문제만 간구하고 있다면 그것은 육신의 생각을 따르는 기도입니다. 문제는 내려놓고 예수님만 바라보는 기도를 드려 보십시오. 하나님의 말씀을 묵상하며 그 말씀을 계속해서 떠올려 보십시오. 그러면 이상할 정도로 내 마음에 평화가 임하는 것을 느낄 수 있을 것입니다.

예수님께 집중할 때 모든 문제는 사라집니다. 예수님이 물 위를 걸어오실 때의 일입니다. 베드로도 이 모습을 보고 자기도 물위를 걷게 해달라고 요청하였습니다. 예수님이 허락하시자 베드로가 물위를 걷게 되었습니다. 그러나 그가 예수님을 바라보지 않고 바람을 보았을 때 무서워하여 그만 물에 빠지고 말았습니다. "바람을 보고 무서워 빠져 가는지라"(마 14:30). 제자들이 갈릴리 바다를 횡단할 때도 마찬가지였습니다. 예수님이 계시지 않았을 때 그들은 바람을 거슬러 항해하느라 많은 수고를 해야 했습니다(마 14:24). 예수님이 같은 배 안에 타고 계시더라도 전적으로 예수님을 의지하지 않으면 풍랑을 만났을 때 당황하게 됩니다. 이때는 어떤 인간적인 방법을 취하기보다는 전적으로 예수님을 바라보아야 할 때입니다. "주여 구원하소서 우리가 죽겠나이다"(마 8:25). 기도가 그렇습니다. 문제를 바라보면 문제의 풍랑에 빠지고 맙니다. 급하고 어려운 문제가 많을수록 예수 안에 거하기 위해서 노력해야 합니다. 하나님을 사랑하는 것이 기도의 첫째 계명인 이유가 바로 여기에 있습니다.

기도의 둘째 계명

기도의 둘째 계명은 '내 이웃을 내 몸과 같이 사랑하는 것' 입니다. 이 둘째 계명으로 우리를 이끌어가는 것은 바로 기도의 첫째 계명에서 형성된 관계의 힘입니다. 하나님과 내가 하나가 되고, 또 다른 '나' 들이 하나님과 하나가 되어, 우리는 하나님이라는 큰 원을 중심으로 서로 한 몸 된 공동체를 이룹니다. 십자가의 수직선과 수평선을 떼어 놓으면 십자가 모양이 파괴되듯이 하나님 사랑과 이웃 사랑은 서로 일체입니다. 이처럼 우리 기도는 은밀한 골방에서 이루어지지만 그 골방에서 우리는 형제와 자매를 만나고 온 우주를 만납니다. 주기도는 공동체의 기도입니다. 이 점은 주기도에 '나' 란 1인칭 단수는 한 번도 나오지 않고, 아홉 개의 '우리' 라는 1인칭 복수만 나타나고 있다는 점에서 잘 확인할 수 있습니다. 주기도를 많이 하면 할수록 '나' 라는 경계는 허물어지고 더 많고, 더 넓은 '우리' 로 확대되어 갑니다.

하나님의 이름과 나라와 뜻을 간구하는 기도들은 모두 우리 현실과 관련되어 있습니다. 하나님은 이 땅에 관심이 있습니다. 이 땅에 가득한 불의 때문에 창조주 하나님의 이름이 모욕을 당하고 있습니다. 모든 나라와 권세는 하나님께 속했는데도 세상 나라와 어둠의 권세는 마치 자신들이 주인인 것처럼 행세합니다. 이 땅에서 일어나고 있는 모든 굶주림과 전쟁과 폭력과 분열과 헤어짐과 아픔과 눈물과 죽음은 하나님의 뜻이 아닙니다. 하나님 이름과 나라와 뜻을 위한 간구는 이 세상이 정상적인 상태가 아님을 선언하며, 보다 완전한 세계의 도래를 바라보는 믿음의 고백이라 할 것입니다. 우리는 하나님 나라의 레지스탕스들입니다. 교회는 세상 가운데 형성되어 가는 하나님 나라의 해방구들입니다. 그러니 우리 기도의 안테나는 끊임없이 세상을 향할 수밖에 없습니다.

일용할 양식을 위한 간구는 내 먹을거리가 해결되었다고 해서 끝나는 것이 아닙니다. 우리 형제된 자들의 일용할 양식의 문제가 해결될 때까지 결코 멈출 수 없습니다. 용서의 기도에서는 철저히 형제를 향한 용서가 먼저 전제될 때 우리는 하나님께 간구할 자격을 얻습니다. 시험과 악으로부터 구원을 위한 간구 역시 서로의 연약함을 인정하고 서로 돕는 중보의 기도입니다. 우리 모두가 이 세상의 구조악과 악한 세력에 대항하여 싸우는 공동 전선에 함께 서 있음을 느끼게 하는 기도입니다.

기도는 행동입니다. 성 베네딕트는 "노동이 기도요, 기도가 노동이다"라고 말한 바 있습니다. 기도는 기도 자체에 몰입하는 것을 목적으로 하지 않습니다. 주님은 우리가 산 속에 숨어 사는 신비주의자들이 되기를 원치 않습니다. 우리는 행동하기 위해서 기도합니다. 먼저 하나님을 사랑하라는 기도의 첫째 계명에 전념할 때 우리는 이웃을 사랑하라는 둘째 계명을 행할 힘을 거기로부터 공급받습니다. 그래서 산을 명하여 바다에 심기게 하라는 불가능한 명령도 수행하며, 아무도 찾지 않는 가장 낮은 자들이 있는 곳으로 내려가는 사랑의 계명도 행합니다. 기도하며 행동하는 일들은 고통스럽지 않습니다. 오히려 즐겁습니다. 주님과 함께 하는 일이며, 주님을 만나는 일이며, 주님께서 주시는 힘으로 행하는 일이기 때문입니다. 그러므로 노동의 현장이 곧 기도의 현장이 됩니다.

예수님을 닮는 것은 그리스도인의 최상의 목표입니다. 예수님의 삶은 주기도의 삶이셨습니다. 우리는 주기도를 통하여 예수님을 닮아갑니다. 우리 기도가 주기도를 닮으면 닮을수록 우리 기도의 지경은 더 넓어집니다. 기도의 깊이는 더 깊어지고, 기도의 능력은 더 커집니다. 주기도의 사람들은 누룩과 같이 겨자씨와 같이 세상을 바꾸는 하나님 나라의 변혁자들입니다.